Nahu

EL

MINISTRO

APROBADO

Un Manual para Entrenar Ministros para el Santo Evangelio de Nuestro Señor Jesucristo

Procura con diligencia presentarte a Dios aprobado, como obrero que no tiene de que avergonzarse, que usa bien la Palabra de verdad. 2 Timoteo 2:14

Publicaciones Maranatha

4301 W. Diversey Ave

Chicago, Il 60639

EL MINISTRO APROBADO

A menos que se indique lo contrario, todas las Citas Bíblicas fueron tomadas de la Santa Biblia, Reina Valera, Revisión 1960.

Publicado por:

Publicaciones Maranatha

4301 W. Diversey Ave,

Chicago, Il. 60639 U.S.A.

Tel. (773) 384-7717

ISBN: 9798502889735

Segunda Edición- Julio 2014

Tercera Edición- Junio 2021

Copyright © 1999 por Nahum Rosario

Todos los Derechos Reservados 1995

Ninguna porción de esta publicación puede reproducirse o transmitirse en ninguna forma ni a través de ningún medio, sin la autorización escrita del autor de acuerdo al United States Copyright Act del 1976

La Portada y el Libro diseñados y producidos por

Nahum Rosario

El diseño de la portada está protegida por el United States Copyright Act del 1976Copyright ©2021

Impreso en los Estados Unidos de América

INTRODUCCIÓN	5
CAPÍTULO 1	
EL LLAMADO AL MINISTERIO	9
LECCIÓN 1	
LA NECESIDAD DEL LLAMADO	11
LECCIÓN 2	
DEFINIENDO EL LLAMADO	19
LECCIÓN 3	27
LOS LLAMADOS DE DIOS	27
LECCIÓN 4:	41
El PROPÓSITO DE TU LLAMADO	41
LECCIÓN 5	49
¿CUÁL ES TU LLAMADO?	49
CAPÍTULO 2	57
EXCELENCIA MINISTERIAL	57
LECCIÓN 6	59
ENTRENAMIENTO MINISTERIAL	59
LECCIÓN 7	67
DEDICACIÓN A UN PROPÓSITO DEFINIDO	67
LECCIÓN 8	75
DESARROLLANDO UN CARÁCTER DE INTEGRIDAD	75
LECCIÓN 9	83
COMO MANTENER LA EXCELENCIA MINISTERIAL	83
LECCIÓN 10	93
LOS CINCO ENEMIGOS DEL MINISTERIO	93
CAPÍTULO 3	103
ELEMENTOS DEL ÉXITO MINISTERIAL	103
LECCIÓN 11	105
LA NECESIDAD DE UNA VISIÓN	105
LECCIÓN 12	113
LA PRIORIDAD DE LA PALABRA	113
LECCIÓN 13	123

PREVALECIENDO EN ORACIÓN	123
LECCIÓN 14	131
SIN FE ES IMPOSIBLE	131
LECCIÓN 15	141
EL AYUNO QUE ROMPE YUGOS	141
CAPÍTULO 4	151
HACIENDO EL MINISTERIO DE JESÚS	151
LECCIÓN 16	153
UN HOMBRE ENVIADO CON UN PROPÓSITO	153
LECCIÓN 17	163
EN EL PODER DEL ESPÍRITU SANTO	163
LECCIÓN 18	173
HACIENDO DISCÍPULOS	173
LECCIÓN 19	181
PREDICANDO CON PODER	181
LECCIÓN 20	
PREDICANDO EL REINO DE DIOS	189
CAPÍTULO 5	
EJERCIENDO EL MINISTERIO	197
LECCIÓN 21	199
AUTORIDAD MINISTERIAL	199
LECCIÓN 22	207
ÉTICA MINISTERIAL	207
LECCIÓN 23	217
CONFRONTANDO LA OPOSICIÓN	217
LECCIÓN 24	229
DISCIPLINA MINISTERIAL Y ECLESIÁSTICA	229
LECCIÓN 25	241
ADMINISTRANDO A MAMÓN	241
LECCIÓN 26	249
CÓMO TERMINAR LA CARRERA	249
PALABRAS FINALES DE MOTIVACIÓN	258

INTRODUCCIÓN

En tus manos está lo que puede convertirse en un poderoso instrumento para formar la vida de cualquier persona que ha sido llamada por Dios a su santo ministerio. Este manual de enseñanza es el resultado de la inquietud que puso el Espíritu Santo en mí de comenzar en la iglesia que pastoreo un curso intensivo de entrenamiento ministerial. El material incluido en este libro fue usado por un servidor, con el segundo grupo de candidatos al ministerio durante el año de 1993. Cada lección fue preparada bajo la dirección del Espíritu Santo, con el propósito de ser un medio para la formación de futuros ministros. A la vez que preparaba estas lecciones, estaba muy consciente de la necesidad de un manual de entrenamiento para obreros, el cual fuera más práctico que teológico.

En mis muchos años de ministerio he llegado a la conclusión que hay un elemento ausente en la formación de muchos de los ministros con quienes me he relacionado en las naciones del mundo. Aun muchos de aquellos que tienen una gran formación teológica y doctrinal, muestran en su comportamiento la falta de una formación de carácter e integridad que los prepare para no sólo comenzar en el ministerio, sino para durar en el mismo y mostrar una vida de integridad ante Dios y los hombres. No es lo mismo ser informado que formado. Las escuelas bíblicas están haciendo una gran labor dándole información a sus estudiantes y dándole una buena base doctrinal para defender su fe, pero hay algo más que es necesario para la total formación de un hombre de Dios.

No hay nada que pueda superar al entrenamiento que es dado por un padre espiritual. Soy un ardiente creyente de la necesidad de mentores espirituales, quienes puedan transferirle a sus discípulos no sólo información de la Biblia, sino parte del depósito de la vida de Dios en ellos. Si estudiamos las Escrituras cuidadosamente nos daremos cuenta que este era el método usado por los grandes líderes del Antiguo y Nuevo Testamento. Moisés entrenó personalmente a Josué. Elíseo se convirtió en el sustituto de Elías después de haber pasado años con él recibiendo de su unción y de su vida. ¿Cómo Jesús lo hizo? Tomó doce hombres en quienes el depositó de su vida y poder para que fueran los líderes de la iglesia que estaba por nacer. La iglesia primitiva no tenía institutos bíblicos como los conocemos hoy, pero sí vemos a través de las páginas del libro de los Hechos y las epístolas cómo los apóstoles entrenaban a otros creyentes a quienes llamaban hijos espirituales.

Esto que estoy compartiendo ha sido probado por un servidor por más de 15 años. Aunque nunca había tenido un curso intensivo para ministros de esta índole, sí he entrenado discípulos para ser líderes en la iglesia local. Algunos de esos discípulos hoy están pastoreando iglesias en diferentes lugares y están teniendo buenos resultados con sólo ese tipo de entrenamiento. Este nuevo curso de entrenamiento ministerial empezó en el año 1992. Como resultado del mismo, ya diferentes personas han salido a abrir iglesias dentro del Ministerio Mundial Maranatha. Creo que esto que estoy haciendo en Chicago puede hacerse en cualquier lugar del mundo y dar los mismos resultados.

Este Curso intensivo de Entrenamiento Ministerial consta de 26 lecciones, las cuales se pueden dar en 26 semanas o en el tiempo que el maestro crea conveniente. Creo que es mejor terminar un tema en una clase sin importar el tiempo que conlleve la misma. En las clases que yo doy se les hace saber a los estudiantes que no hay un tiempo límite para cada lección. Una lección puede constar de dos horas o de cuatro horas dependiendo de lo que el Espíritu Santo quiera hacer en cada sesión. Cada sesión debe empezar con oración y alabanza y debe terminar de la misma forma. Sería sabio que si algunos líderes quieren usar este manual para entrenar futuros ministros, escuchen las enseñanzas en audio casetes dadas por un servidor. Es más fácil captar el espíritu del material de estas lecciones en esta forma.

Un consejo a las personas que van a tomar este entrenamiento: Ven dispuesto a ser cambiado por medio de estas enseñanzas. Permite que el Espíritu Santo trate con todas las áreas de tu vida que tienen que ser cambiadas antes de poder ser usado por Dios para tu poder cambiar a otros. Te recomiendo que no estés tan interesado en dar tu punto de vista, sino en abrir tus oídos para recibir lo que el Espíritu quiere decir directamente a tu situación y a tu vida.

La efectividad de este entrenamiento dependerá en gran medida de dos cosas, la receptividad del discípulo y la profundidad de vida espiritual del que está entrenándolo. Un buen maestro no sólo transmitirá palabras, sino su vida. Hay una realidad espiritual y es que nadie podrá dar más que lo que tiene. Dios espera que nosotros, los que tenemos la responsabilidad de formar los futuros líderes de su iglesia, estemos preparados para hacerlo. Dios espera que seamos fieles cumpliendo el mandamiento de Jesús:

> *"Por tanto, id, y haced discípulos a todas las naciones, bautizándoles en el nombre del Padre, y del Hijo, y del Espíritu Santo, enseñándoles que guarden todas las cosas que os he mandado, y he aquí Yo estoy con vosotros todos los días, hasta el fin del mundo."* Mateo 28:19-20

Nahum Rosario

Julio de 1999

Chicago, Illinois, USA

CAPÍTULO 1

EL LLAMADO AL MINISTERIO

"El ministerio no está formado por voluntarios, que buscan una profesión más, sino por aquellos que han recibido un llamado especial de parte de Dios. Este llamado es tan fuerte que aquellos que escogen ignorarlo nunca podrán ser felices en ninguna otra profesión o vocación."

Lección 1: La Necesidad del Llamado

Lección 2: Definiendo el Llamado

Lección 3: Los Llamados De Dios

Lección 4: El Propósito de Tu Llamado

El Llamado al Ministerio

LECCIÓN 1
LA NECESIDAD DEL LLAMADO

ESCRITURA: 1 Timoteo 1:12, Marcos 3:13-15

Doy gracias al que me fortaleció, a Cristo nuestro Señor, porque me tuvo por fiel, poniéndome en el ministerio. (1 Tim.1:12)

Después subió al monte, y llamó así a los que Él quiso, y vinieron a Él. Y estableció a doce, para que estuviesen con Él, y para enviarlos a predicar, y que tuviesen autoridad para sanar enfermedades y para echar fuera demonios. (Mar. 3:13-15)

INTRODUCCIÓN: Una de las cosas más maravillosas que le puede suceder a un ser humano es ser llamado y escogido por Dios para ser parte de su ministerio en la tierra. El llamado no es un deber que Dios tiene para con nosotros, sino un honor que nos concede. Como es solamente por su gracia, nadie puede enorgullecerse o gloriarse, sino vivir continuamente agradecido y alabando al Señor que no

EL MINISTRO APROBADO

miró la bajeza de su siervo y lo llamó para sentarlo con los príncipes de su pueblo. Es de trascendental importancia que los que aspiran al sagrado ministerio entiendan lo que es un llamado y cómo reconocerlo.

A- Dios Trabaja con Personas Llamadas.- Romanos 10:14-15

> *¿Cómo, pues, invocarán a aquel en el cual no han creído? ¿Y cómo creerán en aquel de quien no han oído? ¿Y cómo oirán sin haber quien les predique? ¿Y cómo predicarán si no fueren enviados? Como está escrito: ¡Cuán hermosos son los pies de los que anuncian buenas nuevas!*

El Cristianismo ha sufrido mucha crítica y difamación por el sinnúmero de personas que no han entendido que hay una diferencia entre el llamado de la salvación y el llamado al ministerio. Todos los hombres son llamados a ser salvos, pero no todos los salvos son llamados al ministerio. Somos conscientes que en un sentido general todo creyente es un ministro, pero en este curso nos estamos refiriendo al llamado específico que Dios hace a los hombres para que sean parte de uno de los cinco ministerios de Efesios 4:11.

Dios trabaja con personas que Él llama conforme a su gracia y a su propósito. Este patrón lo encontramos tanto en el Nuevo Testamento como en el Viejo. Es esta realidad lo que asegura el triunfo en el ministerio, más que ninguna habilidad o carisma que posea una persona. Es interesante observar que Dios no llama las personas de

El Llamado al Ministerio

acuerdo a nuestros criterios, sino de acuerdo a lo que Él mira en el corazón del hombre.

Cuando Samuel fue a ungir el rey que tomaría el lugar de Saúl, el se fijó en la apariencia física de los hijos de Isaí, hasta que Dios le dijo que los hombres miraban lo de afuera, pero Dios miraba el corazón (1 Sam. 16:7). Yo creo que es cuando Dios mira el corazón, que Él sabe si una persona está preparada para entrar en el ministerio. Pablo atribuye el que Dios lo pusiera en el ministerio al hecho de que Dios lo halló fiel (1 Tim. 1:12). Es interesante observar que aunque él estaba equivocado en su servicio a Dios, lo estaba haciendo con dedicación y sinceridad. Dios que conoce las intenciones más secretas del corazón sabía que si Él llamaba a este hombre, sería aun más fiel en el servicio al evangelio. Dios ve cosas en nosotros que nosotros mismos no sabíamos que estaban ahí.

B- El Llamado te Separa. - Hec.13:2, Rom. 1:1

Ministrando éstos al Señor, y ayunando, dijo el Espíritu Santo: Apartadme a Bernabé y a Saulo para la obra a que los he llamado. (Hec. 13:2)

Pablo, siervo de Jesucristo, llamado a ser apóstol, apartado para el evangelio de Dios. (Rom. 1:1)

Es el llamado de Dios lo que te separa a ti de los demás hombres para ser parte del sacerdocio santo del Nuevo Testamento. Con esto no estoy diciendo que todo cristiano no sea un sacerdote, porque esto la Biblia lo establece muy claro. Estoy usando esta fraseología para referirme a los sacerdotes líderes que van a dirigir a los

EL MINISTRO APROBADO

otros sacerdotes en su vida espiritual. Cuando Dios llama un hombre lo separa para Él, y no lo dejará hasta que haya cumplido su propósito en él.

El llamado nos separa de nosotros mismos y de nuestra propia voluntad, porque nos damos cuenta que perdimos el poder de decisión en nuestra vida y le hemos cedido ese derecho al Señor de nuestras almas. Es esa realidad lo que mueve a personas a abandonarlo todo y seguir al Señor sin importarle los sacrificios y las consecuencias. El que es llamado sabe que no será feliz, a menos que cumpla el propósito para el cual el Señor lo llamó.

En un sentido este llamado nos separa del resto de los demás cristianos. No es que seamos superiores o mejores, sino que somos conscientes de la gran responsabilidad de conducirnos con temor y santidad, porque sabemos que seremos imitados por otros para bien o para mal. Cada persona que es llamada por Dios para ministrar las cosas santas, debe separarse de todo lo que tenga cualquier apariencia de pecado. En el Antiguo Testamento Dios estableció un estricto código de conducta para los sacerdotes. Hoy tenemos que ser conscientes que juntamente con el llamado viene la responsabilidad de conducirnos en una forma que es digna de la alta vocación a la cual hemos sido llamados. En otras palabras, los que somos separados por el llamado al ministerio tenemos que ser santos en toda nuestra manera de vivir.

Así que, si alguno se limpia de estas cosas, será instrumento para honra, santificado, útil al Señor, y dispuesto para toda buena obra. (2 Tim. 2:21)

El Llamado al Ministerio

Como hijos obedientes, no os conforméis a los deseos que antes teníais estando en vuestra ignorancia, sino, como aquel que os llamó es santo, sed también vosotros santos en toda vuestra manera de vivir, porque escrito está: Sed santos, porque yo soy santo. (1 Ped.1:14-16)

C- El Llamado te Establece. - Santiago 1:8

El hombre de doble ánimo es inconstante en todos sus caminos.

Cuando una persona es llamada y lo sabe, está segura en lo que está haciendo porque está establecida. Cuando observamos tanta inseguridad e inestabilidad en personas que están en el ministerio, tenemos que llegar a la conclusión que nunca fueron llamados por Dios. Podemos decir que el llamado es como la roca de fundamento de nuestro ministerio. Sin ese fundamento nadie durará mucho tiempo en el ministerio.

El saber que somos llamados es lo que nos mantiene con la visión cuando vienen los momentos difíciles en la vida. Es entonces cuando sabemos que El que nos llamó es fiel, y Él estará con nosotros aun hasta el fin del siglo. Cuando tú entiendes esto, te enfrentas a personas y demonios con gran denuedo y seguridad, porque sabes que estás establecido en la autoridad de la cabeza de la iglesia que es Cristo.

Un hombre establecido no es de doble ánimo, y por lo tanto puede operar en fe y poder. Sin la seguridad de un llamamiento somos inconstantes en todo lo que decimos y hacemos. ¿No has notado la inconsistencia de personas

EL MINISTRO APROBADO

que se llaman ministros del evangelio? Hoy dicen que Dios le dijo que hicieran esto, mañana dicen que les dijo que hicieran otra cosa. Hay una gran posibilidad que nunca fueron llamados para ocupar un oficio ministerial en la iglesia de Jesucristo.

D- La Autoridad de tu Llamado- Mateo 10:1

> *Entonces llamando a sus doce discípulos, les dio **autoridad** sobre los espíritus inmundos, para que los echasen fuera, y para sanar toda enfermedad y toda dolencia.*

Nadie que no tenga un genuino llamamiento de Dios tendrá autoridad en el ejercicio del mismo. Si hay algo que se necesita para ministrar es la autoridad de Dios. Juntamente con el llamado viene la autoridad para ejercer el mismo. Después de Jesús llamar a los doce apóstoles, enseguida les dio autoridad para tres cosas: *para predicar, para echar fuera demonios, y para sanar enfermedades.* Tú vas a saber si eres llamado cuando te encuentres con el diablo parado de frente.

Tú no tienes que manipular o empujar nada para que la gente crea que tú tienes autoridad. El llamado te da la autoridad y te capacita para pararte ante hombres y demonios, porque sabes que tienes el respaldo del cielo. La razón por la cual hay tantos ministerios flojos y sin sustancia, es porque no hay un genuino llamamiento de Dios. Dios no está comprometido con ninguna persona que El no ha llamado, no importa cuan sinceras y nobles sean sus intenciones.

El Llamado al Ministerio

E- La Seguridad de tu Llamado. - Efesios 3:7

Del cual yo fui hecho ministro por el don de la gracia de Dios que me ha sido dado según la operación de su poder.

Es de suma importancia que tú sepas si eres llamado o no. Pablo sabía que había sido llamado a un ministerio especial en el evangelio porque él dijo: *del cual yo fui constituido predicador, apóstol y maestro de los gentiles* (2 Tim. 1:11). Hay diferentes clases de llamados, algunos se llaman ellos mismos, mientras que otros son llamados por otras personas. Nunca entres al ministerio por un deseo personal o por la insistencia de otros. Ninguna de estas cosas te van a ayudar en los momentos cuando la ira del diablo se levante contra ti.

Siempre he aconsejado esto a los miembros de la iglesia que pastoreo: *"Si Dios no te ha llamado al ministerio, haz todo lo posible por evitarlo"*. El propósito de esto no es desalentar a los son verdaderamente llamados, sino evitarle tragedias a aquellos que quieren entrar en el ministerio por razones que no son santas y puras. Asegúrate que estás tomando este curso porque sabes sin sombra de dudas que el Espíritu Santo ha puesto sus ojos sobre ti, y te está llamando a ser parte del ministerio de su iglesia.

El llamado es más que una emoción, con la cual respondemos a un predicador que nos habla de las miles de almas que se van cada día al infierno, es una realidad espiritual que se apodera de ti, y sabes que eres llamado con la misma seguridad que sabes cual es tu nombre. Por eso digo: ¡Miserable de aquel que es llamado por Dios, y

EL MINISTRO APROBADO

escoge darle la espalda a su destino profético! Nunca será feliz por el resto de su vida, y corre el peligro de acortar su vida, o algo peor, puede arriesgar el destino final de su alma.

*** Pensamiento ***

"La seguridad de tu llamado, será la seguridad en tu llamado".

El Llamado al Ministerio

LECCIÓN 2
DEFINIENDO EL LLAMADO

ESCRITURA: Romanos 11:29, Hechos 13:2

Porque irrevocables son los dones y el llamamiento de Dios. (Rom. 11:29)

Ministrando estos al Señor, y ayunando, dijo el Espíritu Santo: "Apartadme a Bernabé y a Saulo para la obra que los he llamado". (Hec. 13:2)

INTRODUCCIÓN: En la lección anterior establecimos claramente la importancia de tener un llamado claro y definido para poder tener éxito en el ministerio. Ahora nos cabe hacernos la pregunta, ¿cómo yo sé si soy llamado o no? Esto es lo primero que debes saber, que él que es verdaderamente llamado lo sabe sin lugar a dudas. Una posible prueba de que una persona no es llamada, es la inseguridad y las dudas en este particular.

Tenemos que entender, que Dios no tiene un patrón uniforme para llamar personas a su obra. Nadie debe depender de la experiencia de otro, para asegurar su

EL MINISTRO APROBADO

llamado o para negarlo. Lo mismo sucede con el llamado a la salvación, hay personas que tienen ciertas experiencias sobrenaturales y emocionales, mientras otros simplemente reciben a Jesús en su vida sin ninguna aparente manifestación exterior. Lo importante es saber muy adentro que somos salvos o que somos llamados. Estudiemos las diferentes formas cómo Dios llama personas al ministerio.

A- El Testimonio Interior del Espíritu - Romanos 8:14-16

Porque todos los que son guiados por el Espíritu de Dios, éstos son hijos de Dios. (Rom. 8:14)

La forma principal para Dios dirigir a sus hijos, es por medio del Espíritu Santo dando testimonio a nuestro espíritu. En un sentido general todos los creyentes pueden ser dirigidos por Dios en esta forma de acuerdo a Rom. 8:14, *"Porque todos los que son guiados por el Espíritu de Dios, estos son hijos de Dios".* El Espíritu Santo que escudriña lo más profundo de Dios (1 Cor. 2:10-12), es quien sabe la perfecta voluntad de Dios para cada creyente, y cómo ponerla en acción. El Espíritu Santo se comunica con nuestro espíritu para darnos el testimonio de Dios en cuanto a diferentes áreas de nuestra vida. El primer testimonio que recibimos es uno concerniente a nuestra identidad espiritual: *"El Espíritu mismo da testimonio a nuestro espíritu, de que somos hijos de Dios"* (Rom. 8:16).

Por esto es muy importante que desarrollemos nuestro espíritu, y lo entrenemos para poder oír a Dios. La mayor parte de las tragedias que le ocurren a los cristianos

El Llamado al Ministerio

se debe a que no están prestándole atención a la voz de su espíritu. Cada persona que tiene un llamamiento de Dios para el ministerio, casi siempre lo sabe desde el mismo día que se convirtió, él sabe que es salvo y que algún día va a predicar la Palabra. Es posible que él no entienda más nada, pero muy adentro él sabe que hay un llamado. Toda persona que es llamada tiene esta primera definición de su llamado. En muchos casos, ésta es la única seguridad que tendrán muchos de su llamado ministerial. Otros empiezan con este llamado, y con el correr del tiempo Dios les confirma usando otros medios.

B- Por la Voz Audible de Dios - Luc. 3:21-22

> *Aconteció que cuando todo el pueblo se bautizaba, también Jesús fue bautizado, y orando el cielo se abrió, y descendió el Espíritu Santo sobre Él en forma corporal, como de paloma, y vino **una voz del cielo** que decía: Tú eres mi hijo amado, en ti tengo complacencia.*

Cuando hablamos de la voz audible de Dios, nos estamos refiriendo a cuando Él nos habla directamente al oído en una forma tan clara que sabemos sin lugar a dudas que es su voz. En ocasiones una sola persona la oye, aunque más nadie alrededor la oiga. Esta puede ser la misma voz del Espíritu Santo quien es Dios. A veces Dios escoge hablarle a los hombres en esta forma, especialmente cuando se trata de decisiones que son peligrosas y delicadas. Podemos decir que el llamamiento de Jesús fue en esta forma, cuando después de ser bautizado subiendo del agua, oyó la voz del Padre que le dijo: "*Tu eres mi hijo amado, en ti tengo*

EL MINISTRO APROBADO

complacencia" (Luc. 3:22). Este no fue un llamado tanto para que Jesús lo oyera, sino para los que estaban a su alrededor. Muchas veces Dios confirma un llamado al frente de otra gente para que ellos crean en el llamado de esa persona.

Dios llamó a Abraham por voz audible cuando se le apareció en Ur de los Caldeos: *"Pero Jehová había dicho a Abram: vete de tu tierra y de tu parentela, y de la casa de tu padre, a la tierra que te mostraré* (Gen. 12:1). Años más tarde Dios se le apareció en visión en Gen. 17:1: *Era Abram de edad de noventa y nueve años, cuando le apareció Jehová y le dijo: Yo soy el Dios Todopoderoso, anda delante de mí y sé perfecto.* En otras ocasiones, Dios le habló en voz audible sin ningún tipo de visión (Gen. 13:14). Otro caso lo encontramos en el libro de los Hechos, cuando Dios llamó a Pablo. En este caso particular hubo una manifestación sobrenatural de un resplandor del cielo que dejó a Pablo ciego por tres días. Pablo oyó una voz que lo llamaba y enseguida reconoció que era la voz de Jesús. *Y cayendo en tierra, oyó una voz que le decía: "Saulo, Saulo, ¿por qué me persigues?"-* Hec. 9:4

Dios puede usar este medio para llamar personas al ministerio, pero no tiene que hacerlo necesariamente. No te sientas inferior en tu ministerio porque no has tenido un llamamiento igual que otra persona. Yo he sabido de ministerios que nunca han oído la voz de Dios audiblemente, ni han tenido una visión, pero tienen ministerios más poderosos que muchos que han tenido otras manifestaciones.

El Llamado al Ministerio

C- Por una Visión o un Sueño - Génesis 37:5-9, Hechos 18:9,10

> *Entonces el Señor dijo a Pablo en visión de noche: No temas sino habla, y no calles, porque yo estoy contigo, y ninguno pondrá sobre ti la mano para hacerte mal, porque yo tengo mucho pueblo en esta ciudad.* (Hec. 18:9,10)

Los sueños y las visiones son una de las manifestaciones del Espíritu Santo para todas las edades. Dios usa este medio para llamar personas o para confirmar su llamado. A veces recibimos un sueño repetidas veces y es que el Señor nos quiere decir algo. Es mi opinión personal que los sueños no son una prueba de espiritualidad en el que los tiene, sino una prueba de que esa es la única forma que Dios puede captar su atención.

Una visión es lo que tú ves cuando estás en un trance espiritual, el sueño es lo que tú ves cuando estás dormido. El sueño puede ir acompañado con la voz audible de Dios, el Espíritu Santo o un ángel. Hay sueños y visiones donde Dios llama a una persona y le da instrucciones específicas sobre su llamado y cómo desarrollarlo. En otros casos, te vez en el sueño o la visión haciendo cosas que tienen que ver con tu llamado. Es muy posible que si tú tienes un sueño o una visión repetidas veces, Dios te está llamando a hacer en la realidad, lo mismo que te ves haciendo en el sueño.

D- Por Medio de un Ángel - Jueces 6:11-12

> *Y vino el ángel de Jehová, y se sentó debajo de la encina que está en Ofra, la cual era de*

EL MINISTRO APROBADO

Joás Abiezerita, y su hijo Gedeón estaba sacudiendo el trigo en el lagar, para esconderlo de los madianitas. Y el ángel de Jehová se le apareció y le dijo: Jehová está contigo, varón esforzado y valiente.

Los ángeles son agentes servidores de Dios para comunicar mensajes a la tierra. En algunas ocasiones Dios usa los ángeles para llamar personas al ministerio. Cuando un ángel se aparece lo hace en forma visible, y en algunas veces no es diferente a un hombre en su porte y en su vestido. Gedeón fue llamado a libertar a Israel del dominio de los madianitas por medio de un ángel. Es interesante observar que algunas veces el ángel habla como ángel y en otra habla como si él fuera Dios. Esto lo vemos en este incidente entre Gedeón y el ángel (Vea Jueces 6:14). Esto sólo indica que viene con toda la autoridad de Dios.

No descartemos la posibilidad, de que en estos días Dios envíe ángeles para llamar a personas que están muy involucradas en otras esferas de la vida, y que sólo responderán en está manera. Dios escoge la forma de llamar a cada uno, de acuerdo a lo que esa persona necesita para responder a su llamado.

E- El Ministerio Profético - 1 Samuel 9:17, Hechos 13:1-3

Y luego que Samuel vio a Saúl, Jehová le dijo: He aquí éste es el varón del cual te hablé, éste gobernará a mi pueblo. (1 Sam. 9:17)

Había entonces en la iglesia que estaba en Antioquía, profetas y maestros: Bernabé, Simón el que se llamaba Níger, Lucio de

El Llamado al Ministerio

Cirene, Manaén el que se había criado junto con Herodes el Tetrarca, y Saulo. Ministrando estos al Señor, y ayunando, dijo el Espíritu Santo: "Apartadme a Bernabé y a Saulo para la obra que los he llamado". Entonces habiendo ayunado y orado, les impusieron las manos y los despidieron. (Hec. 13:1-3)

He dejado este tema para el final, no porque sea menos importante, sino porque es uno de los más conflictivos en el mundo religioso de hoy. De todos los cinco ministerios, el del profeta es el más antiguo, Abraham era considerado un profeta por Dios (Gen. 20:7). Este ministerio lo encontramos en operación tanto en el Antiguo Testamento como en el Nuevo. Los profetas del Antiguo Testamento eran los encargados por Dios para llamar reyes y profetas. El primer rey de Israel, Saúl fue llamado por el profeta Samuel (1 Sam. 10:1).

Hoy en día hay una gran polémica en la iglesia acerca del ministerio de los profetas en el área de llamar personas al ministerio. Hay dos extremos, uno que cree que es el único medio para llamar gente al ministerio, y otros que no aceptan ninguna participación del ministerio profético. En el medio de esos dos extremos está mi posición. Al principio de esta lección, dije que la forma normal de Dios llamarnos, es por medio del testimonio de nuestro espíritu. Dios usa al profeta para confirmar el llamamiento que ya tenemos en nuestro espíritu, nos lo hace más claro, y nos da direcciones para desarrollarlo.

Es posible que en ocasiones, personas no hayan escuchado su espíritu o se las haya olvidado, y necesiten

EL MINISTRO APROBADO

de la voz autoritaria y ungida del profeta para despertar su llamado. No olvidemos que el profeta no llama a nadie, sino que un verdadero profeta dirá lo que ha oído de Dios. En Hechos 13:1-2, el Espíritu Santo usó los profetas para confirmar, apartar y enviar a Pablo y Bernabé en su primer viaje misionero. Otra razón para el ministerio del profeta, es para confirmar públicamente ante la congregación el llamado de una persona.

No importa el medio que Dios use para llamar a una persona, lo importante es saber que hay un llamamiento definido de Dios, que capacitará al individuo para hacer la obra de Dios, y lo fortalecerá para enfrentarse a todos los enemigos que se le pongan al frente. Si aun no estás seguro de cuál es tu llamado, ponte a buscar el rostro del Señor, y descansa en la seguridad de que Él escogerá el medio que se adapte a tu condición para llamarte al ministerio.

*** Pensamiento***

Dios en su soberanía y sabiduría escoge el método más apropiado para llamar a cada uno.

El Llamado al Ministerio

LECCIÓN 3
LOS LLAMADOS DE DIOS

ESCRITURA: Hechos 7:30-34

Pasados cuarenta años, un ángel se le apareció en el desierto del Monte Sinaí, en la llama de fuego de una zarza. Entonces Moisés, mirando, se maravilló de la visión, y acercándose para observar, vino a él la voz del Señor: Yo soy el Dios de tus padres, el Dios de Abraham, el Dios de Isaac, y el Dios de Jacob. Y Moisés, temblando, no se atrevía a mirar. Y le dijo el Señor: Quita el calzado de tus pies, porque el lugar en que estás es tierra santa. Ciertamente he visto la aflicción de mi pueblo que está en Egipto, y he oído su gemido, y he descendido para librarlos. Ahora, pues, ven te enviaré a Egipto.

INTRODUCCIÓN: En esta lección vamos a estudiar diferentes llamados que Dios le hizo a diferentes hombres en la Biblia. Los llamados de Dios son la solución de Dios

EL MINISTRO APROBADO

para Él cumplir en la tierra los propósitos que Él ha determinado antes de la fundación del mundo. Como ya hemos dicho antes, Dios sólo trabaja con hombres llamados. Cada llamado que Dios hace, tiene rasgos característicos que son propios de la función que esa persona va a realizar para Dios.

Descubriremos que siempre que Dios llama, lo hace con un propósito determinado, con un mensaje para esa hora, y con el poder y la unción para llevar a cabo ese propósito. Dios no ha cambiado en su forma de operación porque estemos en la era de la iglesia. Cada persona que es llamada, debe entender bien claro los siguientes aspectos de su llamado. ¿Por qué Dios lo llamó? ¿Para qué Dios lo llamó? ¿Cuál es el lugar o la gente a donde Dios lo llamó?

A- El Llamado a Abraham - Génesis 12:1-3

Pero Jehová había dicho a Abram: Vete de tu tierra y de tu parentela, y de la casa de tu padre, a la tierra que te mostraré. Y haré de ti una nación grande, y te bendeciré, y engrandeceré tu nombre, y serás bendición. Bendeciré a los que te bendijeren, y a los que te maldijeren maldeciré, y serán benditas en ti todas las familias de la tierra.

Dios llamó a Abraham para comenzar algo nuevo, una nación que se convertiría en el instrumento de Dios, para Dios regresar en carne a la tierra. En este caso vemos que Dios puede llamar personas que ni aun están pensando en Él. Abraham no estaba buscando o adorando a Dios cuando Dios le hizo el llamado de dejar su tierra y su

El Llamado al Ministerio

parentela. No perdamos de vista que este hombre era un idólatra que adoraba el sol, la luna y las estrellas cuando oyó la voz de Dios.

Algo que a mí me impacta sobre el llamamiento de este hombre, es pensar como un hombre que no conocía a Dios, respondió con más prontitud al llamado de Dios que muchos que están sentados en los bancos de nuestras iglesias oyendo mensajes domingo tras domingo.

La clave del éxito en el llamado es la obediencia a las instrucciones de Dios. Aunque Abraham no obedeció del todo, el escritor del libro de los Hebreos nos dice: *"Por la fe Abraham, siendo llamado, obedeció para salir al lugar que había de recibir como herencia, y salió sin saber a dónde iba"* (Heb. 11:8). Dios le dijo a Abraham, no sólo que saliera de su tierra en Ur de los caldeos, sino que dejara su familia. En este particular, Abraham cometió un grave error, al salir cargando con su padre y su sobrino. Si Dios te da instrucciones específicas en tu llamado, debes obedecerlas al pie de la letra, para que no retardes el desarrollo del mismo. ¡Cuántos problemas se hubiera evitado Abraham si no hubiera estado cargando con su sobrino Lot!

Todo llamado requerirá una medida de fe, aunque Dios se le haya aparecido a la persona en una visión. Abraham operó en fe y por eso se la conoce hoy en día como el **"Padre de la Fe"**. Si hay algo que podemos aprender en este llamado, es que cuando Dios llama a un hombre con un propósito específico, aunque ese hombre cometa errores, Dios está dispuesto a esperar hasta que ese hombre se ponga en armonía con el plan de Dios para cumplir en él su llamado.

EL MINISTRO APROBADO

B- El Llamado a Moisés - Éxodo 3

Ven, por tanto, ahora, y te enviaré a Faraón, para que saques de Egipto a mi pueblo, los hijos de Israel. Entonces Moisés respondió a Dios: ¿Quién soy yo para que vaya a Faraón, y saque de Egipto a los hijos de Israel? Y Él respondió: Ve, porque yo estaré contigo, y esto te será por señal de que yo te he enviado: cuando hayas sacado de Egipto al pueblo, serviréis a Dios sobre este monte. (Exo. 3:10-12)

Este es uno de los llamados más espectaculares de toda la Biblia por razón de lo que el mismo envolvía. Aquí Dios no está llamando a un hombre a empezar una nueva nación casi de la nada, Jehová Dios está llamando un hombre a libertar una nación numerosa de la esclavitud de un imperio. Sólo un encuentro tan personal con Dios como este, le daría la fe a Moisés para poder enfrentarse a la nación que él conocía tan bien.

No pasemos de vista todo el proceso de Dios con Moisés antes de aparecérsele en la zarza ardiendo. Notemos en que forma Dios cuida las personas que Él ha destinado para sus planes y propósitos. No hay forma que el diablo pueda destruir una persona que Dios ha destinado soberanamente para el ministerio. Hay otra lección que aprender en este caso. Todos los eventos y preparación de la niñez de los que son llamados son planeados o permitidos por Dios para la ejecución de ese llamado en el futuro. Moisés se crió y se preparó en el mismo palacio donde después tuvo que regresar para cumplir su llamado. Yo creo que Moisés siempre estuvo

El Llamado al Ministerio

consciente de su llamado, porque cuando mató al egipcio, la Palabra de Dios dice que: *"Él pensaba que sus hermanos comprendían que Dios les daría libertad por mano suya"* (Hec.7:24-25).

Dios se le aparece a Moisés en el momento que él menos lo esperaba, mientras atendía las ovejas de su suegro. No estaba orando ni ayunando, sino envuelto en un trabajo secular, porque para Dios no es ningún problema hablarle y llamar a alguien mientras está trabajando en lo secular. No creas que a Dios se le hizo fácil convencer a Moisés que aceptara el llamado. El mismo Moisés que cuarenta años atrás creía que estaba preparado para el llamado, ahora pone mil excusas para no ir a cumplir el ministerio que Dios le asignaba. Una de las cosas que Dios tiene que bregar en nosotros, es la super-confianza que tenemos en nosotros mismos para hacer la voluntad de Dios. Una de las razones porque Dios pone ciertos llamados en espera, es para destruir la arrogancia y el orgullo en nosotros mismos, rasgos que nos harían mucho daño en el cumplimiento del ministerio.

C- El Llamado a Samuel - 1 Samuel 3:1-21

Samuel estaba durmiendo en el templo de Jehová, donde estaba el Arca de Dios, y antes que la lámpara de Dios fuese apagada, Jehová llamó a Samuel, y él respondió: Heme aquí. (1 Sam. 3:3,4)

Samuel es el tipo de la persona que ha sido criada e instruida en la iglesia, pero aun no tiene una verdadera revelación de Dios y su palabra para poder ejercer un ministerio. ¡Cuántas personas están años tras años

EL MINISTRO APROBADO

Ministrando en la iglesia, pero aun la palabra de Jehová no le ha sido revelada! Tú puedes sentir el llamado de Dios, pero eso no indica que necesariamente estás preparado para ejercerlo. En este caso como en otros que yo conozco, Dios tiene jóvenes en lugares donde no hay revelación ni visión hasta el tiempo que Dios escoja revelárseles. Mientras tanto, esos jóvenes deben ser fieles y responsables, haciendo todo lo que le venga a la mano en ese lugar.

Es interesante ver cómo Samuel se mantuvo firme en su pureza y santidad en un caso cuando no tenía el mejor ejemplo del ministerio existente. Él logró esto porque amaba el templo de Jehová y permanecía en la presencia de Dios. El llamado de Samuel no fue nada fácil, porque fue usado por Dios para profetizar la caída del mismo sistema religioso que ayudó en su formación. En ningún momento él le faltó el respeto a la autoridad existente, sólo habló cuando se le preguntó cuál fue la palabra de Jehová.

Este es un llamado de reforma y cambios. Dios llama personas como instrumentos para reformar o trastornar el mismo sistema que los dio a luz. Un ejemplo de esto lo tenemos en Lutero, Wesley y otros que Dios ha levantado a través de la historia de la iglesia con un mensaje de confrontación y avivamiento.

D- El Llamado a Elíseo - 1 Reyes 19:19-21

Partiendo él de allí, halló a Elíseo hijo de Safat, que araba con doce yuntas de delante de sí, y él tenía la última. Y pasando Elías por delante de él, echó sobre él el manto.

El Llamado al Ministerio

Entonces dejando él los bueyes, vino corriendo en pos de Elías, y dijo: Te ruego que me dejes besar a mi padre y a mi madre, y luego te seguiré. Y él le dijo: Ve, vuelve, ¿qué te he hecho yo? Y se volvió, y tomó un par de bueyes y los mató, y con el arado de los bueyes coció la carne, y la dio al pueblo para que comiesen. Después se levantó y fue tras Elías, y le servía.

Encontramos ahora un llamado distinto, porque no hay voz audible de Dios, no hay visión espectacular, ni la aparición de un ángel. El profeta Elías pasa por el lado de este hombre quien estaba trabajando en el campo y con solamente tirarle su manto, Eliseo percibió el llamado para abandonarlo todo y seguirle. Elías no le ofreció ninguna posición ni ninguna remuneración para que él lo siguiera. En este caso no hubo una profecía, diciéndole que Eliseo sería el profeta que substituiría a Elías, eso vino más tarde.

De algo sí yo esto muy seguro, Eliseo percibió en su espíritu que su llamado estaba ligado a la vida y al ministerio de aquel profeta raro que le tiró el manto. Desde ese día él puso su mirada en ese manto, porque Eliseo sabia que el dueño de ese manto tenía algo que él necesitaba para cumplir su llamado.

Una de las claves para la preparación para ciertos ministerios es el servicio y la fidelidad. Eliseo entendió esto, y por eso dedicó muchos años al servicio de Elías. Este no es el patrón de Dios para todo el que es llamado, pero si lo es para algunos casos, especialmente cuando Dios busca una continuidad ministerial. Josué no se apartaba del Tabernáculo sirviendo a Moisés en todo lo

EL MINISTRO APROBADO

que fuera requerido. Recuerda que el servicio que cuenta, no es el que te piden que tú hagas, sino el que tú haces voluntariamente. Eliseo sirvió a Elías hasta el día que él fue arrebatado al cielo. En ese día fue que verdaderamente el llamado de Eliseo se hizo evidente.

E- El Llamado a Isaías -Isaías 6

Después oí la voz del Señor, que decía: ¿A quién enviaré, y quién irá por nosotros? Entonces respondí yo: Heme aquí, envíame a mí. (Isa. 6:8)

Isaías era un sacerdote antes de ser llamado a ser un profeta, lo que indica que Dios puede hacer un nuevo llamado a una persona para entrar en otro ministerio. Hay personas que su primer llamado es a ser un evangelista, pero años más tarde Dios los llama al pastorado. Ten cuidado, que siempre que tú quieras moverte a una nueva área de ministerio, lo estas haciendo porque Dios te está llamado, no por una conveniencia personal, familiar, económica o geográfica. Una vez un joven me dijo sinceramente que Dios lo había llamado a ser apóstol. Yo le repliqué: *¿Cómo es posible, si todavía no eres ni un pastor de cinco personas?* Cada uno de los cinco ministerios de Efesios 4 conlleva un llamado diferente.

Antes de Dios llamar a este sacerdote, le dio una visión en tres dimensiones. Primero él vio hacia arriba, vio la grandeza y santidad de Dios. Segundo, se vio hacia dentro de él mismo, donde vio la inmundicia y el pecado que había en él. Tercero, después de ser cambiado adentro por lo que vio arriba, entonces Dios lo hace mirar hacia afuera. Es ahora cuando Dios le hace la pregunta: "¿A

El Llamado al Ministerio

quién enviaré, y quién irá por nosotros? En este caso particular, el objeto del llamado tuvo que ser enfrentado con la realidad que para ser llamado o para ministrar fuera, hace falta una revelación de Dios que altere nuestro carácter y nuestro modo de vida.

F- El Llamado a Jeremías- Jeremías 1:3-8

Vino, pues, palabra de Jehová a mí diciendo: Antes que te formase en el vientre te conocí, y antes que nacieses te santifiqué, te di por profeta a las naciones. Y yo dije: ¡Ah! ¡ah, Señor Jehová! He aquí, no sé hablar, porque soy niño. Y me dijo Jehová: No digas: Soy un niño, porque a todo lo que te envíe irás tú, y dirás todo lo que te mande. No temas delante de ellos, porque contigo estoy para librarte.

Dios no está limitado ni restringido por la posición o la edad de las personas que Él llama. Hemos visto hasta ahora en esta lección, como Él llama paganos, agricultores, sacerdotes, personas de 80 años y niños. Jeremías era un niño cuando Dios lo llamó al ministerio profético y esa fue la misma excusa que él usó para no querer hacerlo.

En este relato encontramos las características principales de cualquier llamado:

1- Dios te conoce desde el vientre de tu madre.

2- Decide tu llamado desde antes de nacer.

3- Todo el que es llamado, al principio no se siente calificado para el mismo.

EL MINISTRO APROBADO

4- Dios espera que tú obedezcas sus instrucciones.

5- Nunca tengas temor porque Dios estará contigo.

6- Dios te dará la palabra que se requiere para cumplir tu ministerio.

7-Tu llamado siempre causará un cambio en las personas y los lugares donde tú vayas.

Muchos son los que en un momento u otro nos hemos sentido como Jeremías cuando hemos percibido el llamado de Dios y creíamos que no podríamos hacerlo, hasta que obedecimos al Señor y tuvimos la victoria.

G- El Llamado de los Discípulos de Jesús - Marcos 3:13-19

Después subió al monte, y llamó así a los que el quiso, y vinieron a El. Y estableció a doce, para que estuviesen con El, y para enviarlos a predicar, y que tuviesen autoridad para sanar enfermedades y para echar fuera demonios. (Marcos 3:13-15).

En la primera lección de este capítulo hablamos de cómo Jesús llamó a sus discípulos después de una noche de oración al Padre. Cada uno de ellos recibió el llamado en una forma diferente. Los primeros dos discípulos que le siguieron eran discípulos de Juan el Bautista, los cuales cuando oyeron hablar a Jesús lo dejaron todo y le siguieron. Hay ocasiones cuando una persona va a ser atraída a otro ministerio para entrar en el llamado que Dios tiene para ella.

Otros simplemente obedecieron la voz de Jesús al El decirle simplemente: "Sígueme". Este fue el caso de

El Llamado al Ministerio

Felipe y Mateo, quien dejó el banco de los tributos para irse detrás de Jesús (Luc. 5:27). Jacobo y Juan lo siguieron como resultado de ver el milagro de una pesca abundante (Luc.5:9-11).

Estos hombres que Jesús llamó, ocuparían un lugar muy importante en el ministerio de Jesús para establecer la iglesia del Señor sobre bases firmes. En el llamado de estos doce encontramos el propósito de toda persona llamada en esta era de la iglesia:

1- *Para que estuviesen con Él-* Nuestro primer ministerio es la comunión con Cristo.

2- *Para enviarlos a predicar-* Toda persona llamada tiene un mensaje de Dios.

3- *Para sanar enfermos-* Somos llamados a sanar almas y cuerpos como parte del llamado.

4- *Para echar fuera demonios-* Toda persona llamada necesita la autoridad para esto, porque tendrá siempre la oposición de Satanás y tendrá que ayudar a otros a ser libres de los demonios.

H- El Llamado a Pablo - Hechos 9:1-19

Mas yendo por el camino, aconteció que al llegar cerca de Damasco, repentinamente le rodeó un resplandor de luz del cielo, y cayendo en tierra, oyó una voz que le decía: Saulo, Saulo, ¿por qué me persigues? El dijo: ¿Quién eres, Señor? Y le dijo: Yo soy Jesús, a quien tú persigues, dura cosa te es dar coces contra el aguijón. El, temblando y temeroso, dijo: Señor, ¿qué quieres que yo haga? Y el

EL MINISTRO APROBADO

Señor le dijo: Levántate y entra en la ciudad, y se te dirá lo que debes hacer. (Hec. 9:3-6)

Dios se especializa en arrebatarle los mejores soldados al diablo para reclutarlos para su obra. Él sabe que esa gente le servirá a su reino con la misma o mayor dedicación que servían al reino de Satanás. Pablo era considerado el enemigo número uno de la iglesia naciente, y no hubiera sido llamado por ninguna junta de misiones para hacer la obra que él hizo.

Uno de los misterios del llamamiento de Pablo, el cual quizá el nunca entendió del todo, fue saber que Dios lo había escogido desde el vientre de su madre para ese gran ministerio (Gal. 1:15-16). ¿Por qué Jesús no lo llamó como a los otros apóstoles antes de perseguir la iglesia? Nunca entenderemos el misterio de ciertos llamados desde este lado del cielo. Yo creo que este ejemplo está en la Biblia para darnos a entender que no hay límites al amor y a la gracia de Dios. Dios llama por su gracia a quien Él quiere y cuando Él quiere, y no hay nadie que pueda enseñarle cómo hacerlo.

Pablo fue escogido para ser lo que todo llamado debe ser, un instrumento para llevar el nombre de Jesús al mundo. Nunca olvidemos que el propósito de nuestro llamado no es tener un gran nombre y una gran fama, sino ser instrumentos para llenar la tierra con el nombre de Jesús y con la gloria de Dios.

Querido hermano, oro al Señor que si El te está llamando al ministerio, que tú tengas la actitud correcta para responder al llamado. ¿Harás como el joven rico que se alejó de Jesús triste porque pensó que el precio para su

El Llamado al Ministerio

llamado era muy alto? ¿O tendrás la actitud de Moisés, quien tuvo por mayores riquezas el vituperio de Cristo que los tesoros de los egipcios, porque tenía puesta la mirada en el galardón? (Hebreos 11:26)

*** Pensamiento Bíblico ***

Pero cuando agradó a Dios, que me apartó desde el vientre de mi madre, y me llamó por su gracia, revelar a su Hijo en mí, para que yo le predicase entre los gentiles..." (Gal. 1:15,16)

EL MINISTRO APROBADO

El Llamado al Ministerio

LECCIÓN 4:
El PROPÓSITO DE TU LLAMADO

ESCRITURA: Efesios 4:7-16

"Pero a cada uno de vosotros fue dada la gracia conforme a la medida del don de Cristo". Efesios 4:7

INTRODUCCIÓN: Después de una persona reconocer la realidad de que tiene un llamado, es necesario que esté consciente de que hay diferentes llamados con diferentes funciones en el Cuerpo de Cristo. Aunque es posible que al principio de tu llamado, tú no tengas claro cuál es la definición de tu llamado, es importante que tan siquiera entiendas la diferencia básica que existe entre los cinco ministerios que el Señor dio para la edificación de la Iglesia. Estos dones siguen siendo importantes hoy, porque Jesús los dio para que la iglesia pueda cumplir su función aquí en la tierra. Cada persona que es llamada por Dios va a funcionar en uno o más de estos dones ministeriales.

A- Diferencia entre los Dones Ministeriales y los Dones del Espíritu Santo -1 Corintios 12:4,5

EL MINISTRO APROBADO

Ahora bien, hay diversidad de dones, pero el Señor es el Espíritu es el mismo. Y hay diversidad de ministerios, pero el Señor es el mismo.

Hay una diferencia fundamental entre los cinco dones del ministerio de Efesios 4:11 y los dones del Espíritu Santo de 1 Corintios 12. El no saber establecer la diferencia, ha causado un sinnúmero de errores en la iglesia. Hay personas que creen, que porque tienen un don del Espíritu, pueden operar en un oficio ministerial. Los dones del Espíritu están a la disposición de todos los creyentes que están llenos del Espíritu Santo (1 Cor. 12:7-11). Los dones ministeriales son llamados especiales que Dios le hace a creyentes para gobernar, alimentar y edificar la iglesia. Ninguna persona debe cometer el error de entrar en un ministerio porque tiene un don del Espíritu. Los dones del Espíritu son las herramientas que ayudan al que tiene el ministerio, pero no le da ministerio al que no lo tiene.

El hecho de que una persona profetice no lo constituye en un profeta, sólo está operando en el don de profecía. Una persona puede tener dones de sanidades en operación y eso no lo hace un evangelista. Una cosa si que debemos entender, los dones del Espíritu operan con una unción mayor en la persona que tiene un llamado ministerial. Esto es así, porque las personas envueltas en los cinco ministerios tienen que enfrentarse a retos que los otros creyentes no tienen que enfrentarse.

El Llamado al Ministerio

B- Propósitos del Llamado Ministerial- Efesios 4:11-16

Y Él mismo constituyó a unos, apóstoles, a otros, profetas, a otros, evangelistas, a otros pastores y maestros, a fin de perfeccionar a los santos para la obra del ministerio, para la edificación del cuerpo de Cristo, hasta que todos lleguemos a la unidad de la fe y del conocimiento del Hijo de Dios, a un varón perfecto, a la medida de la estatura de la plenitud de Cristo, para que ya no seamos niños fluctuantes, llevados por doquiera de todo viento de doctrina, por estratagema de hombres que para engañar emplean con astucia las artimañas del error, sino que siguiendo la verdad en amor, crezcamos en todo en Aquel que es la cabeza, esto es, Cristo, de quien todo el cuerpo, bien concertado y unido entre sí por todas las coyunturas que se ayudan mutuamente, según la actividad propia de cada miembro, recibe su crecimiento para ir edificándose en amor.

1- Para traer el gobierno y la autoridad de Dios a la tierra.- Dios quiere traer su gobierno a la tierra por medio de la iglesia para que ésta le manifieste a Satanás y a sus demonios la multiforme sabiduría de Dios (Efe. 3:10-11). En estos días que Dios quiere establecer iglesias con autoridad gubernativa en todos los países del mundo, se va a requerir el ministerio de los cinco dones que Jesús dio a la iglesia, para establecer un reino de poder y autoridad con la autoridad de la Palabra y la unción del Espíritu Santo.

2- Para perfeccionar a los santos individualmente.- La palabra perfección significa crecimiento y madurez. Es interesante observar como los santos aunque son santos, tienen que ser perfeccionados. Ningún ministerio por sí

EL MINISTRO APROBADO

solo, no importa lo ungido que sea, puede traer una perfección completa a los creyentes. Toda iglesia haría bien en exponer a sus miembros a cada uno de los cinco ministerios, para que sea una iglesia madura, completa y balanceada. Cada uno de estos ministerios opera en una unción y una revelación distinta, que es necesaria para madurar a los cristianos en diferentes áreas de su vida.

3- Para entrenar a los santos en la obra del ministerio.- Son los santos perfeccionados por medio del ministerio de los cinco dones de Efesios 4, los que estarán preparados para hacer la obra del ministerio. Nunca fue el diseño de Dios de que el trabajo en la iglesia sea hecho solamente por un ministerio profesional, un pequeño grupo de hermanos dedicados. Cada santo debe estar preparado para hacer las obras de Jesús aquí en la tierra. Las señales de Marcos 16 son para estos creyentes que se han dejado preparar por medio del entrenamiento de los cinco ministerios. Podemos decir que esos cinco ministerios son los entrenadores del ejército del Señor, para que este pueda pelear la buena batalla de la fe.

4- Para que el Cuerpo de Cristo sea edificado.- Jesús dijo que Él edificaría una iglesia tan poderosa y dinámica, de tal forma que las mismas puertas del infierno no prevalecerían contra ella (Mat. 16:18). En la misma forma que la gloria de Dios no llenó el tabernáculo de Moisés en el desierto hasta que éste estuvo terminado, la gloria del Señor no llenará la iglesia del Nuevo Testamento hasta que esta esté edificada sobre el fundamento de los apóstoles y profetas (Exo. 40:33-35, Efe. 3:20-22). Cuando cada miembro que ha sido entrenado por los cinco ministerios haga la obra que le corresponde de acuerdo a

El Llamado al Ministerio

su gracia y a su llamado, entonces la gloria del Señor llenará la casa con una gloria mayor que la del Antiguo Pacto (2 Cor. 3:6-11).

5- Para que lleguemos a la unidad de la fe.- Cuando hay un grupo de personas que están envueltos en una obra trabajando por un bien común, no habrá tiempo para las rencillas, enemistades y pleitos que dividen hoy en día al cuerpo de Cristo. Dios quiere que llegue el día cuando el amor y la devoción a Cristo nos una por encima de todo énfasis doctrinal o denominacional. Llegaremos a esto, porque ésta fue la petición de Jesús en su oración de intercesión por sus discípulos la noche que fue entregado: *"Para que todos sean uno, como tú, oh Padre, en mí, y yo en ti, que también ellos sean uno en nosotros, para que el mundo crea que tú me enviaste"* (Jn. 21:21). Esta unidad debe comenzar por la cabeza, o sea por los ministros, para que las ovejas sigan el ejemplo.

6- Para que conozcamos al Señor Jesús.- El único hombre que operó en absoluta perfección en los cinco ministerios fue Jesús. El es el ideal de lo que debe ser un buen apóstol, profeta, evangelista, pastor y maestro. La iglesia conocerá a Jesús en toda su dimensión, cuando reciba la parte de Jesús que es manifestada por cada uno de los cinco ministerios. La palabra *"conocimiento"* significa *"conocimiento completo"* en el idioma original del Nuevo Testamento. Es una realidad que hay iglesias que sólo han conocido a Jesús el Pastor o a Jesús el Maestro, pero se resisten a conocer a Jesús el Profeta o a Jesús el Apóstol. Cada uno de los cinco ministerios nos ayudará a conocer una faceta de Jesús que el otro ministerio no

EL MINISTRO APROBADO

tiene. ¿Te das cuenta de lo importante que es para la iglesia la existencia y operación de estos ministerios?

7- Para que la iglesia sea un cuerpo perfecto (maduro).- Ahora estamos hablando de la perfección de la iglesia como cuerpo, no como individuos. Es el conocimiento pleno de Jesús en la manifestación de los cinco ministerios, lo que va causar que la iglesia madure a la altura de la cabeza. Hasta ahora hemos visto un cuerpo deforme, una cabeza perfecta con un cuerpo imperfecto, que muchas veces se resiste a ponerse en armonía con la cabeza. Llegará el día cuando este mundo verá una iglesia que ha alcanzado la medida de la estatura del Varón Perfecto, una cabeza perfecta (Jesucristo) con un cuerpo perfecto (la iglesia).

8- Para que lleguemos a experimentar la plenitud de Cristo.- Es la voluntad de Dios que la iglesia camine en la plenitud de Cristo. En Cristo está todo lo que la iglesia necesita para su perfección y plenitud. La iglesia va a funcionar en todos los dones, en toda la vida, en todo el poder, en toda la santidad, en todo el carácter, y en toda la gloria de Jesús. En la misma forma que la plenitud del Padre habitaba en Jesús cuando El estaba en la tierra, ahora la plenitud de Jesús habitará en la iglesia de estos últimos días. Las obras que Jesús hizo, las hizo porque el Padre moraba corporalmente en El. Nosotros haremos cosas mayores cuando permitamos que la plenitud de Jesús more y se manifieste en nosotros.- Juan 14,10-12

9- Para que dejemos de ser niños.- *"Cuando yo era niño, hablaba como niño, pensaba como niño, juzgaba como niño, mas cuando ya fui hombre, dejé lo que era de niño"*(1 Cor. 13:11). Si miramos cuidadosamente el estado

El Llamado al Ministerio

de la iglesia generalmente en todo el mundo, lo que encontramos es un montón de cristianos que por años y años han permanecido sentados en las bancas de nuestras iglesias sin haber crecido tan siquiera un centímetro. Esto se debe en gran medida a que la iglesia se resiste a salir de sus posturas tradicionales, para recibir los ministerios que Jesús estableció para su crecimiento. Todavía hay denominaciones enteras diciendo que ciertos ministerios ya no son necesarios. Jesús no se va casar con una niña, sino con una iglesia que ya es madura.

10- Para darnos discernimiento espiritual.- Los niños no tienen discernimiento espiritual, por eso son engañados y movidos fácilmente por todo viento de doctrina. Son los que han dejado de ser niños, los que tienen los sentidos ejercitados en el discernimiento del bien y del mal (Heb. 5:11-14). Los niños necesitan que otros piensen y decidan por ellos, hasta el momento que lleguen a la madurez de poder asumir responsabilidades. Los cinco ministerios nos enseñan a cómo poder discernir entre lo que es y lo que no es. Una prueba de madurez no es poder hablar en lenguas o saber de memoria un libro de la Biblia, sino cómo tú respondes a los retos y obstáculos que se presentan en el diario vivir, ¿con responsabilidad y substancia, o con inestabilidad y superficialidad?

11- Para que haya un crecimiento normal.- En lo natural muchos niños no tienen un desarrollo normal porque no han tenido una dieta bien balanceada. La iglesia necesita la dieta balanceada del apóstol, del profeta, del evangelista, del pastor y del maestro para que haya un crecimiento normal. Este crecimiento viene de una relación y comunión saludable con la cabeza de la

EL MINISTRO APROBADO

iglesia que es Cristo. Se puede saber si hay un crecimiento normal por lo siguiente: caminamos en amor y recibimos la palabra de Dios con mansedumbre. El creyente que recibe la Palabra y la pone en práctica, crecerá en fe y en poder. La prueba de que somos verdaderos discípulos, es que caminamos en amor con todos los hombres (Jn. 13:35).

12-Para que cada miembro del cuerpo descubra y actúe su don individual.- Son los miembros maduros, que ya no son niños los que ponen todas sus energías en la edificación del cuerpo de Cristo. Una buena señal de que un cristiano ha crecido, es que deja de pensar en él mismo, y empieza a buscar el bien de los demás. Esto lo mueve a descubrir su don y ponerlo en práctica para el crecimiento del cuerpo de Cristo. Cada miembro del Cuerpo de Cristo, por lo menos tiene un don para ponerlo al servicio de la iglesia. El cuerpo crecerá cuando mutuamente nos ayudemos unos a otros por medio de la gracia que Dios le dio a cada uno.

*** Pensamiento ***

"Ministerios maduros producirán creyentes maduros, porque cada cosa se reproduce de acuerdo a su especie".

El Llamado al Ministerio

LECCIÓN 5
¿CUÁL ES TU LLAMADO?

ESCRITURA: Efesios 4:11

Y El mismo constituyó a unos, apóstoles, a otros, profetas, a otros, evangelistas, a otros, pastores y maestros.

INTRODUCCIÓN: Para que un ministro pueda funcionar propiamente en el ministerio, debe saber el lugar que Dios le ha asignado en el Cuerpo de Cristo. Si queremos una iglesia apostólica, fluyendo en el poder y la gloria de Dios, necesitamos conocer bien el lugar y la función que los cinco dones ministeriales desempeñan en la vida corporativa de la iglesia. Como vimos en la lección anterior, la iglesia necesita el ministerio de cada uno de estos dones, para poder llevar los santos y la iglesia al crecimiento y la madurez que el Señor quiere.

Cada uno de estos ministerios fluye en una unción distinta y particular, y sería bueno que cada aspirante al ministerio, empezara a notar la diferencia que existe entre las diferentes ministraciones que vienen por medio de estos dones ministeriales. Una advertencia al respecto, la

EL MINISTRO APROBADO

cual siempre debemos observar. Las palabras de Pablo lo expresan muy bien : *"Hay diversidad de ministerios, pero el Señor es el mismo. Y hay diversidad de operaciones, pero Dios que hace todas las cosas en todos, es el mismo."*-1 Cor. 12:5-6

A- El Ministerio del Apóstol

*Y a unos puso Dios en la iglesia, **primeramente apóstoles**, luego profetas, lo tercero maestros, luego...* (1 Cor. 12:28)

*Edificados sobre el **fundamento de los apóstoles** y profetas, siendo la principal piedra del ángulo Jesucristo mismo, en quien todo el edificio, bien coordinado, va creciendo para ser un templo santo en el Señor, en quien vosotros también sois juntamente edificados para morada de Dios en el Espíritu.* Efe. 2:20-22

Este ministerio fue el primero reconocido por Jesús, ya que a los doce discípulos que El escogió los llamó apóstoles (Luc. 6:12-13). Jesús lo consideró tan esencial que les dedicó a ellos la mayor parte de sus energías y su tiempo por un período de tres años. El lo hizo así, porque El sabía que el éxito o fracaso de la iglesia que estaba por nacer, dependería en gran medida de la preparación espiritual de estos hombres. Es interesante observar que al ministerio que Jesús le dedicó tanto interés, hoy en día en muchos círculos cristianos no se reconoce como válido dentro de la vida de la iglesia. A pesar de lo que la tradición teológica y religiosa dice, este ministerio no cesó con la muerte de los doce apóstoles. Otro error craso es

El Llamado al Ministerio

pensar que sólo habían doce apóstoles, cuando el Nuevo Testamento está repleto de la mención de otros apóstoles, que fueron responsables del gran movimiento misionero que se inició en Antioquía.

El ministerio del Apóstol es uno de fundamento, establecimiento y asesoramiento espiritual. Los apóstoles pueden fundar iglesias, preparar y establecer sus pastores, y velar por el buen funcionamiento de las iglesias que han fundado, o que están supervisando. Es un ministerio de autoridad e integridad el cual no es comprendido por muchas personas. Podemos decir que la vida del apóstol es la iglesia. Siente por ella lo mismo que sintió el Gran Apóstol Jesucristo. Pablo considera que el apóstol no sólo tiene los planos de Dios para la iglesia, sino que también es responsable de supervisar la construcción del edificio. *"Conforme a la gracia de Dios, que me fue dada, yo como perito arquitecto puse el fundamento y otro edifica encima, pero cada uno mire cómo sobreedifica".-* 1 Cor. 3:10 Podemos resumir que al apóstol Dios le da autoridad, revelación y una palabra que es la *"doctrina de los apóstoles"* para la perfección de la iglesia.

B- El Ministerio del Profeta

Y Judas y Silas, como ellos también eran **profetas***, consolaron y confirmaron a los hermanos con abundancia de palabras.* (Hec. 15:32)

Y permaneciendo nosotros allí algunos días, descendió de Judea un **profeta** *llamado Agabo.* (Hec. 21:10)

EL MINISTRO APROBADO

El profeta antecede a los demás ministerios de Efesios 4, porque es el primero que hallamos en la Biblia. El primer hombre reconocido como profeta en las Escrituras fue Abraham en Génesis 20:7. Este es el testimonio de Dios mismo cuando se le apareció en sueños a Abimelec y le advirtió del peligro de hacerle algún mal a Abraham. En la economía del Viejo Pacto la función de este ministerio era de trascendental importancia. Casi todas las esferas de la vida de la nación de Israel eran tocadas en una forma u otra por los profetas, ponían y quitaban reyes, aconsejaban y amonestaba a los reyes, decían cuando ir o no ir a la guerra, sanaban enfermos, y traían mensajes de Dios al pueblo acerca del presente y del futuro. Ellos eran los voceros de Dios al pueblo, y por eso muchas veces pagaron muy caro, aun con sus propias vidas. Desde el principio el profeta ha sido un ministerio muy perseguido, porque es un ministerio de enfrentamiento.

En la iglesia del Nuevo Pacto, el profeta tiene una función muy importante en unión al apóstol. Ambos son mencionados en Efesios 2:20, como los que establecen el fundamento de la iglesia. El profeta le da dirección a la iglesia, y discierne los tiempos que Dios ha puesto en su sola potestad. No solamente el profeta es de ayuda a la iglesia, sino que los otros cuatro ministerios lo necesitan a él para fortalecimiento y dirección espiritual. Estamos hablando de un ministerio inspiracional, que trae a la iglesia la revelación de la mente de Dios. Su función es de predicción, amonestación, consolación, confirmación, llamamiento y corrección. Su ministerio le da dirección a la iglesia, para que ella cumpla el propósito de Dios en la tierra.

El Llamado al Ministerio

C- El Ministerio del Evangelista

*Al otro día, saliendo Pablo y los que con él estábamos, fuimos a Cesarea, y entrando en casa de **Felipe el evangelista**, que era uno de los siete posamos con él.* (Hec. 21:8)

Entonces Felipe, descendiendo a la ciudad de Samaria, les predicaba a Cristo. Y la gente, unánime, escuchaba atentamente las cosas que decía Felipe, oyendo y viendo las señales que hacía. (Hec. 8:5,6)

El Nuevo Testamento no nos provee muchos detalles sobre este ministerio, pero sí nos da un buen ejemplo de un evangelista en acción. Al único hombre que la Biblia llama propiamente un evangelista es a Felipe. Esto no indica que no había otros. Es mi opinión personal que la iglesia del libro de los Hechos necesitó del ministerio de cientos de evangelistas para hacer la obra tan efectiva que hicieron. Si estudiamos el ministerio de Felipe en Samaria, nos daremos cuenta que el evangelista puede ser usado por Dios para abrir una ciudad al evangelio.

La función principal del evangelista es anunciar el evangelio de las buenas nuevas a los perdidos. Su ministerio tiene que ir acompañado de señales, maravillas y milagros. Un verdadero evangelista produce una explosión del Reino de Dios donde quiera que llega. Hay tres manifestaciones que son comunes en el ministerio evangelístico: la salvación de las almas, la liberación de endemoniados y la sanidad de los enfermos. Jesús operó en este ministerio cada vez que llegaba a una ciudad. Podemos añadirle lo siguiente a la obra del evangelista, él

EL MINISTRO APROBADO

es quien concientiza a la iglesia para que esta tenga una visión continua por los pecadores.

D- El Ministerio del Pastor

> *Por tanto, mirad por vosotros, y por todo el rebaño en que el Espíritu Santo os ha puesto por obispos, para apacentar la iglesia del Señor Jesús, la cual El compró por su propia sangre.* (Hec. 20:28)

> *Apacentad la grey de Dios que está entre vosotros, cuidando de ella, no por fuerza, sino voluntariamente, no por ganancia deshonesta, sino con ánimo pronto, no como teniendo señorío sobre los que están a vuestro cuidado, sino siendo ejemplos de la grey.* (1 Ped. 5:2,3)

Jesús se llamó a sí mismo el Buen Pastor, que da la vida por las ovejas. Considero que este ministerio es uno de los más delicados y esenciales, porque son los pastores los que cuidan, alimentan y dirigen el rebaño. No importa cuanto el apóstol, el profeta, el evangelista y el maestro edifiquen la iglesia local en una de sus visitas, si el pastor no tiene la visión de darle continuidad a lo que esos ministerios impartieron, la iglesia vuelve a su estado anterior. Siempre he dicho que como es el pastor, será la iglesia. Al fin de cuentas más nadie será alabado o culpado por la condición de la iglesia, sino el pastor. Esto es así, porque el pastor puede impedir la operación de los otros ministerios en su iglesia o permitirlos.

El que es llamado a ser pastor tiene la carga espiritual por un grupo de personas en un lugar

El Llamado al Ministerio

determinado no tiene fiebre evangelística o apostólica, porque sabe que su llamado principal es alimentar, instruir y cuidar las ovejas que Dios puso a su cuidado. Posiblemente no sea un ministerio tan espectacular como los otros, pero no olvides, que es al único que Dios le ofrece una *"corona incorruptible de gloria"* (1 Ped. 5:4). Además de lo que he dicho, son los pastores los que darán cuenta a Dios del estado de las ovejas (Heb. 13:17). ¡Que delicada e importante posición es el pastorado! Si Dios te llamó a ser un pastor, no lo uses como un trampolín para entrar a otro ministerio, a menos que el Príncipe de los pastores lo decida así.

E- El Ministerio del Maestro

Había entonces en la iglesia que estaba en Antioquía, profetas y maestros... (Hec. 13:1)

... Yo fui constituido predicador, apóstol y maestro de los gentiles. (2 Tim. 1:11)

El maestro es un oficio ministerial con la habilidad sobrenatural de enseñar la palabra de Dios por medio del Espíritu Santo. No es simplemente una persona que trae información de lo que la Biblia dice sobre un determinado tema. Un verdadero maestro es un valioso instrumento de Dios para llevar a los creyentes a la perfección espiritual. Los creyentes necesitan una buena dieta de la Palabra de Dios, para que tengan un desarrollo espiritual saludable y balanceado. Los maestros tienen que cuidarse en no substituir conocimiento revelado por conocimiento intelectual.

¡Qué influencia ejercen los maestros en los creyentes! Sus enseñanzas pueden bendecir a alguien

EL MINISTRO APROBADO

para toda la eternidad, o pueden causar la ruina espiritual de personas, que pueden terminar en el infierno. Las palabras de Santiago son una advertencia a los que aspiran a ser maestros: *"Hermanos, no os hagáis maestros muchos de vosotros, sabiendo que recibiremos mayor condenación"* (Stg.3:1). Esto quiere decir que los maestros serán juzgados por Dios, usando como regla las mismas cosas que enseñaron.

Usando las palabras de Santiago como base, quiero añadir un pensamiento para concluir esta lección. Santiago no está opuesto al ministerio del maestro, pero sí esta opuesto a que personas se auto-denominen maestros. De algo que tenemos que cuidarnos hoy en día, es de la tendencia a apetecer ministerios por razones equivocadas. No importa el título que se ponga una persona al frente de su firma, desde el punto de vista de Dios eso no significa nada. Lo importante es que Dios te dio un ministerio, y que los hombres puedan reconocer la eficacia del mismo por los frutos que lo acompañan. No trates nunca de funcionar en un ministerio al cual Dios no te llamó. Se fiel en aquello a que Dios te llamó, y si Él tiene algo más para ti a su tiempo se manifestará. No trates de ayudar a Dios.

*** Pensamiento Bíblico ***

"Mira que cumplas el ministerio que recibiste en el Señor". (Col. 4:17)

CAPÍTULO 2

EXCELENCIA MINISTERIAL

La mayor parte de los fracasos en el ministerio se deben a la falta de dedicación en la búsqueda de la excelencia, tanto en la vida natural como en la vida espiritual del hombre de Dios.

Lección 6: Entrenamiento Ministerial

Lección 7: Dedicación a un Propósito Definido

Lección 8: Desarrollando un Carácter de Integridad

Lección 9: Cómo Mantener la Excelencia Ministerial

Lección 10: Los Cinco Enemigos del Ministerio

EL MINISTRO APROBADO

Excelencia Ministerial

LECCIÓN 6
ENTRENAMIENTO MINISTERIAL

ESCRITURA: 2 Timoteo 2:15

"Procura con diligencia presentarte a Dios aprobado, como obrero que no tiene de que avergonzarse, que usa bien la palabra de verdad".

INTRODUCCIÓN: Desde los tiempos del Antiguo Testamento siempre ha habido la necesidad de preparar hombres para continuar el plan y el propósito de Dios en la tierra. Son pocos los hombres que han sido entrenados directamente por Dios. Es el diseño de Dios que los que van a continuar el ministerio sean entrenados por aquellos que lo han practicado y han tenido éxito. Nunca ha sido su plan que personas que nunca han puesto en ejercicio el ministerio, sean los maestros de otros.

Sin menospreciar o rebajar el lugar de los institutos bíblicos, uno de las situaciones que han impedido que los que asisten a ellos sean efectivos, es el ser enseñados por

EL MINISTRO APROBADO

personas que nunca han puesto en práctica lo que intentan enseñar. Cuando alguien es entrenado por una persona que sólo tiene un conocimiento intelectual de la materia, el estudiante sale sólo con información en la cabeza, que no lo capacita para enfrentarse a los retos del ministerio. En lo secular, nadie enseña algo a menos que primero lo haya ejercido antes. ¿No es más importante el trabajo en el Reino de Dios?

A- Un Buen Entrenador

Tú, pues, hijo mío, Esfuérzate en la gracia que es en Cristo Jesús. Lo que has oído de mí ante muchos testigos, esto encarga a hombres fieles que sean idóneos para enseñar también a otros. 2 Timoteo 2:1,2

Se requiere un buen entrenador para preparar personas que serán efectivas en el ministerio. El ministerio no sólo se aprende, sino se capta. Un buen entrenador no solamente comparte sus conocimientos, sino también su vida. El conocimiento se aprende, la vida se capta. Es por esta razón, que el mejor entrenamiento se consigue en pequeños grupos, donde habrá una interacción directa con el maestro. El mejor ejemplo de esto lo encontramos en Jesús, que no escogió una multitud para prepararlos, sino sólo 12 personas. A estas 12 personas Él les enseñó todo lo que ellos podían recibir en el momento. Además del conocimiento que Jesús les dio, les enseñó con el ejemplo y permitiendo que ellos pusieran en práctica lo que iban aprendiendo. Ellos aprendieron con Jesús cómo orar, cómo echar fuera demonios, cómo sanar los enfermos, y cómo enfrentarse a los retos y problemas que vienen en contra del ministro.

Excelencia Ministerial

Este tipo de entrenamiento ministerial es muy necesario porque no sólo brega con la mente del discípulo, sino también con su vida y su carácter. Para ser un ministro excelente, no es suficiente tener información de la Biblia, eso se puede conseguir leyendo libros o escuchando cassettes. Hace falta un maestro que también sea un mentor, quien no sólo provea información, sino que cause una transformación en nuestra vida y nuestro carácter. Esto no sucede en un seminario bíblico. He visto tantas personas que regresan del seminario bíblico peor que lo que fueron. ¿Por qué? Porque cuando se recibe información, sin formación, la persona se llena de orgullo y arrogancia y comienza a operar en espíritu de superioridad donde ya nadie le puede enseñar nada, 1 Cor. 3:18-20.

Vemos la superioridad del entrenamiento personal a través de toda la Biblia. Josué fue entrenado por Moisés por casi 40 años. Siempre encontramos a Josué siguiendo las pisadas de Moisés en su ministerio. Si Moisés iba al monte, allí estaba Josué detrás de él (Exo.24:13). Para que este entrenamiento sea efectivo, el entrenado debe tomar la iniciativa de seguirle los pasos a su maestro (Exo. 33:11). Fueron esas experiencias de Josué con Moisés lo que lo capacitaron verdaderamente para años más tarde asumir el ministerio de dirigir al pueblo de Israel (Núm. 27:18). Otro ejemplo de esto es el caso de Eliseo, quien por años estuvo al servicio del profeta Elías recibiendo conocimiento y captando su estilo de vida y de ministerio.

¿Cómo lo hizo la iglesia primitiva? Los ministros más maduros tomaban a su cargo personas con llamamiento a los cuales los trataban como hijos espirituales en la enseñanza y en el trato. Este es el caso

EL MINISTRO APROBADO

de Pablo con Timoteo, a quien Pablo entrenó personalmente. ¿Entiendes ahora porque Pablo le escribe con tanta autoridad, no dándole sugerencias, sino mandamientos? De acuerdo con las palabras de Pablo en 2 Tim. 2:1, el propósito de Pablo era que Timoteo hiciera lo mismo con otros discípulos, para que estos repitieran lo mismo con otros. Ese es el plan de entrenamiento ministerial de la Biblia.

B- Entrenamiento por la Palabra

Pero persiste tú en lo que has aprendido y te persuadiste, sabiendo de quién has aprendido, y que desde la niñez has sabido las Sagradas Escrituras, las cuales te pueden hacer sabio para la salvación que es en Cristo Jesús. Toda la Escritura es inspirada por Dios, y útil para enseñar, para redargüir, para corregir, para instruir en justicia, a fin de que el hombre de Dios sea perfecto, enteramente preparado para toda buena obra. 2 Timoteo 3:14-17

La herramienta principal del ministro es la Palabra de Dios. La mayor parte del éxito de su ministerio va a depender del trato que le dé a este Libro. Cada persona que sabe que es llamada por Dios, debe inmediatamente poner la Biblia en primer lugar, y ella se debe convertir en su única regla de fe y conducta. Dios nos llama principalmente a que seamos ministros de la Palabra, no de historia, filosofía, teología, o de comparación de religiones. Cada aspirante a ocupar el santo ministerio debe tener un conocimiento total de la Biblia, no solamente de algunas porciones favoritas. A esto yo le

Excelencia Ministerial

llamo un conocimiento funcional de la Palabra. Sería muy trágico y bochornoso que un ministro no sepa ni donde están situados los libros de la Biblia.

Hay tres etapas en el conocimiento de la Biblia. Primero, hay un conocimiento de información, segundo, hay un conocimiento de revelación, y tercero, hay un conocimiento de transformación. No podemos violar este orden, no importa el celo espiritual que tengamos. La revelación no viene de la noche a la mañana. Isaías nos da la clave para esto: "*Porque mandamiento tras mandamiento, mandato tras mandato, renglón tras renglón, línea sobre línea, un poquito allí, otro poquito allá* (Isa. 28:10). No te frustres si al principio de tu búsqueda, como que no recibes nada al leer y estudiar las Sagradas Escrituras. Recuerda que hay muchas fortalezas mentales en ti que tienen que ser destruidas por la misma Palabra antes de tu poder recibir la revelación de la misma.

Pablo le aconsejó a Timoteo, que si quería ser un obrero aprobado, tenía que estudiar la Palabra y aprender cómo manejarla. Recuerda que la Palabra es la espada del Espíritu, y hay una forma correcta de manejarla y una incorrecta. Tu manejo de la misma puede ayudar personas o hacerles daño. ¡Qué delicada responsabilidad tenemos los ministros de la Palabra! Un estudio cuidadoso de la Palabra te librará de errores doctrinales y de caer en posiciones extremistas que traen confusión y división a la iglesia del Señor Jesucristo. Un consejo que te va a ayudar por el resto de tu vida, si no entiendes algo de la Palabra, déjalo quieto hasta que recibas más revelación en esa área.

EL MINISTRO APROBADO

C- La Realidad del Entrenamiento

Tú, pues, sufre penalidades como buen soldado de Jesucristo. Ninguno que milita se enreda en los negocios de la vida, a fin de agradar a aquel que lo tomó por soldado. Y también el que lucha como atleta, no es coronado si no lucha legítimamente. El labrador, para participar de los frutos, debe trabajar primero. Considera lo que digo, y el Señor te dé entendimiento en todo. Acuérdate de Jesucristo, del linaje de David, resucitado de los muertos conforme a mi evangelio, en el cual sufro penalidades a modo de malhechor, mas la Palabra de Dios no está presa. 2 Timoteo 2:3-9

En un sentido, el entrenamiento de un ministro de Jesucristo nunca termina. Hay un gran peligro en creer que hemos llegado a una dimensión donde ya lo sabemos todo y no tenemos necesidad de buscar a Dios y a su Palabra. Te advierto, este es el principio de la ruina de cualquier ministro que Dios ha llamado, no importa cuanta unción tenga y cuanto haya sido usado por Dios. Este es un secreto para mantener siempre en tu vida ardiendo la llama del Espíritu Santo. He observado como personas que empezaron buscando al Señor con gran devoción, en el momento que sintieron que eran usados por Dios, dejaron de buscar y terminaron como dice Pablo, **"eliminados"**. *"Sino que golpeo mi cuerpo, y lo pongo en servidumbre, no sea que habiendo sido heraldo para otros, yo mismo venga a ser eliminado"* (1 Cor. 9:27).

Excelencia Ministerial

Todo entrenamiento conlleva tiempo, energías y sacrificio. El entrenamiento para el ministerio no es la acepción a esta regla. Si una persona no está dispuesta a pagar este precio, es mejor que no intente entrar al ministerio. Tienes que estar dispuesto a arreglar tus prioridades, a negarte a ti mismo, y aun estar dispuesto a ser disciplinado por la persona que te está entrenando. Todo general en el ejército, un día tuvo que pasar por todos los rigores del entrenamiento de un recluta. Si él no hubiera pasado la prueba, nunca hubiera llegado a general. En la iglesia de Cristo tenemos un gran problema, reclutas quieren ser generales sin nunca haber sido buenos soldados principiantes.

El Apóstol Pablo habla de las dificultades que son parte del ministerio usando tres analogías: el soldado, el atleta y el sembrador. En los tres casos hay trabajo, sacrificio, y dificultades antes de disfrutar los resultados. El soldado tiene que sufrir penalidades antes de ser promovido, el atleta tiene que luchar legítimamente para poder alcanzar el premio, y el labrador tiene que trabajar primero arduamente para después participar de los frutos de su labor.

Es una realidad que el ministerio no es nada fácil. La ventaja que tienen los que han recibido un buen entrenamiento, es que podrán enfrentarse a cualquier situación por dos razones: han sido preparados para esto, y han visto el ejemplo en el maestro que los ha entrenado. Por esta razón los que somos pastores y entrenadores no debemos permitir que nadie que no esté preparado a cabalidad salga a hacer la obra del Señor en capacidad de ministro. Me he dado cuenta que el celo y el entusiasmo

EL MINISTRO APROBADO

no son suficientes para aguantar las presiones que el diablo, el mundo y la carne traen contra el hombre de Dios. Se requiere un carácter formado que tenga fe y persistencia para poder terminar la carrera con gozo. Amén.

*** Pensamiento ***

"Que nadie salga al campo de batalla, si antes no ha estado en el campo de entrenamiento".

Excelencia Ministerial

LECCIÓN 7
DEDICACIÓN A UN PROPÓSITO DEFINIDO

ESCRITURA: 1 Timoteo 1:11-12

"...según el glorioso evangelio del Dios bendito, que a mí me ha sido encomendado. Doy gracias al que me fortaleció, a Cristo Jesús nuestro Señor, porque me tuvo por fiel, poniéndome en el ministerio". (1 Tim. 1:11-12)

INTRODUCCIÓN: La espina dorsal del ministerio es dedicación y disciplina, para poder cumplir el propósito para el cual Dios te ha llamado. A menos que haya un propósito definido en el ministro, no habrá la efectividad en el mismo y nunca tendremos un ministerio de excelencia. Los que estamos en el ministerio debemos entender la seriedad del asunto en el cual estamos envueltos. El evangelio les ha sido encomendado (confiado) a los hombres para que estos lo administren (1 Cor. 4:1-2). Algún día tendremos que dar cuenta al Señor

EL MINISTRO APROBADO

de cómo hemos administrado las cosas santas que Dios puso en nuestras manos. El momento que estamos viviendo requiere de una nueva clase de ministros excelentes, que tengan una visión clara de lo que Dios quiere con ellos, y que estén dispuestos a pagar el precio de la dedicación y la disciplina para alcanzarla.

A- La Responsabilidad del Ministro- Colosenses. 4:17

> *Decid a Arquipo: Mira que cumplas el ministerio que recibiste en el Señor.*

Dios espera que mostremos fidelidad en el servicio a Él. El nos escogió para esto, porque encontró en nosotros fidelidad, y El requiere que sigamos siendo fieles hasta el fin de la jornada. Se requiere de todos los administradores que sean fieles en la administración de aquellos bienes que el Señor un día le entregó. Parte de esa fidelidad es que cuidemos el evangelio que nos ha sido encomendado. Tenemos que estar conscientes que esto conllevará una gran cantidad de esfuerzo y disciplina de nuestra parte. No siempre vamos a sentir la emoción o el entusiasmo para hacerlo, pero tenemos que disciplinar nuestra mente para ser diligentes en todo, y vivir por fe todo el tiempo. No queremos ser de aquellos que naufragaron en la mar porque no mantuvieron la fe y la buena conciencia (1 Tim. 1:18-19), o de aquel hombre que después que comenzó a edificar una torre no pudo terminarla, y llegó a convertirse en el hazme reír de sus compañeros (Luc. 14:28-30).

B- La Necesidad de la Disciplina- 1 Corintios 9:24-27

> *"¿No sabéis que los que corren en el estadio, todos a la verdad corren, pero uno solo se*

Excelencia Ministerial

lleva el premio? Corred de tal manera que lo obtengáis. Todo aquel que lucha, de todo se abstiene, ellos a la verdad, para recibir una corona corruptible, pero nosotros, una incorruptible. Así que yo de esta manera corro, no como a la ventura, de esta manera peleo, no como quien golpea el aire, sino que golpeo mi cuerpo, y lo pongo en servidumbre, no sea que habiendo sido heraldo para otros, yo mismo venga a ser eliminado".

Para poder ser efectivos en nuestro ministerio tenemos que aprender a disciplinar nuestra vida. Si nosotros no nos disciplinamos, entonces Dios se encargará de hacerlo. La disciplina no es muy agradable a ninguna persona, porque en muchas ocasiones va en contra de nuestras emociones y lo que la mente quiere. Una vida sin disciplina va a causar que el ministerio sea más difícil. Si no nos hemos disciplinado antes de entrar en el campo de batalla, es posible que perdamos la guerra. Para mí la disciplina es hacer lo que yo no quiero, cuando no lo siento, y donde no me gusta.

¿Cómo nosotros vamos a hacer discípulos a otros si primero no nos hemos disciplinado? Un discípulo es una persona que ha sido entrenado por la disciplina del Señor y ha llegado a participar del fruto apacible de justicia (Heb. 12:11). Jesús nos envió a hacer discípulos, no convertidos. Esta disciplina es lo que nos ayuda a morir a nuestros propios deseos y preferencias, y causa que el Reino de Dios ocupe prioridad en nuestra vida. La disciplina es una decisión diaria que hacemos cuando nos negamos a vivir nuestra propia vida, para que la vida de Jesús se manifieste en nosotros.

C- La Dedicación te Lleva a la Meta.- Heb. 12:1,2

"Por tanto, nosotros también, teniendo en derredor nuestro tan grande nube de testigos, despojémonos de todo peso y del pecado que nos asedia, y corramos con paciencia la carrera que tenemos por delante, puestos los ojos en Jesús, el autor y consumador de la fe, el cual por el gozo puesto delante de El sufrió la cruz, menospreciando el oprobio, y se sentó a la diestra de Dios".

Alcanzar la meta y visión en el ministerio dependerá en gran manera de la dedicación y disciplina que tengamos. El escritor del libro de lo Hebreos nos da 7 principios para que tengamos una vida disciplinada y alcancemos las metas:

D- Principios para Alcanzar Disciplina

1- *Despojémonos de todo peso*.- Hay cosas que no son pecado, pero nos añaden peso que nos impiden correr la carrera con efectividad.

2- *Despojémonos del pecado*.- El pecado es el enemigo número uno en el ministerio. No podemos tratarlo con guantes de seda.

3- *Corramos con paciencia*.- Esto indica perseverancia, determinación y persistencia.

Excelencia Ministerial

4- Pongamos los ojos en Jesús.- Descubramos cómo Jesús venció y podremos hacer lo mismo.

5- No desmayemos al ser disciplinados- Esforcémonos al máximo con la energía del Espíritu Santo.

6- Resistamos la tentación de rendirnos.- Poniendo los ojos en la recompensa que está prometida.

7- Aceptemos la corrección de Dios y de nuestros líderes espirituales.- Dios va a usar su Palabra para corregir fallas en nuestro carácter. Los pastores están puestos por Dios no sólo para enseñarnos, sino para corregirnos y disciplinarnos.

E- Propósito Claro y Dirección Definida. 2 Timoteo 4:5

"Pero tú sé sobrio en todo, soporta las aflicciones, haz obra de evangelista, cumple tu ministerio".

El propósito general de todo creyente es hacer la voluntad de Dios. Dentro de ese propósito general, hay propósitos especiales que Dios tiene con individuos. No podemos descubrir nuestro propósito imitando a nadie. Cada persona que es llamada al ministerio debe entender el propósito de su llamado. Muchos han fracasado porque no tenían una visión clara del propósito de Dios para sus vidas. ¿Por qué deseas o estás en el ministerio? ¿Por fama? ¿Por dinero? ¿Para poder mandar gente? ¿Porque no te quieres someter a ningún pastor? Todos esos propósitos son equivocados y no te sostendrán en el momento de la presión satánica.

Cuando una persona sabe que está en el propósito de Dios, él sabe muy bien que tarde que temprano se

EL MINISTRO APROBADO

cumplirá en su vida, porque Dios no cambia de opinión. Siempre y cuando nos mantengamos fieles y con una visión no dividida, Dios cumplirá su propósito en nosotros. He observado muchos ministerios mediocres, y la razón de ello es que nunca saben lo que ellos quieren, y menos saben lo que Dios quiere de ellos. Sin un propósito definido vagaremos a la deriva, cada día tratando de inventarnos algo para hacer, porque no sabemos a donde vamos. ¿Sabes a dónde vas a llegar? Al mismo lugar que el barco que se perdió en la mar.

F- *Ministrando con ese Propósito-* Hechos 20:24

> *Pero de ninguna cosa hago caso, ni estimo preciosa mi vida para mismo, con tal que acabe mi carrera con gozo, y el ministerio que recibí del Señor Jesús, para dar testimonio del evangelio de la gracia de Dios.*

Esta ha sido la escritura que más me ha ayudado a permanecer en pie en el ministerio cuando han venido los momentos difíciles que quieren impedir que yo cumpla el propósito para el cual el Señor Jesucristo me llamó. Debes decidir desde muy temprano en tu vida ministerial que eres una persona decidida a ministrar en tu propósito y que nada ni nadie te va a impedir que lo logres.

Nuestro propósito se va a mover en tres áreas: el servicio a Dios, el mejoramiento personal, y el servicio a las necesidades de la gente. Aprendamos a balancear estas tres áreas de servicio para que tengamos un ministerio de dignidad y excelencia. La prioridad de tu ministerio es servir a Dios por encima de todas las otras cosas. Si

Excelencia Ministerial

descuidamos la relación y comunión diaria con Dios, su propósito no se va a cumplir en nuestras vidas. El cumplimiento del propósito de Dios está conectado íntimamente a mantener nuestra relación con Él en primer lugar. No olvidemos que no es nuestro propósito el que estamos desarrollando, es el propósito de Dios en nosotros. Esto explica porque Jesús dedicaba tanto tiempo de su ministerio a la comunión con el Padre.

Las otras dos áreas de nuestro ministerio serán efectivas siempre y cuando cumplamos la primera. Es la comunión con Dios la que nos ayuda en nuestro mejoramiento personal, al indicarnos cuales son las áreas de nuestra personalidad que tienen que ser enmendadas. Nadie que pase tiempo con Dios seguirá siendo el mismo. Al cumplir nuestro propósito en relación con Dios y en relación con nosotros mismos, podremos cumplir el propósito de ser los instrumentos santos y escogidos de Dios para ministrarle a esta generación.

Para concluir esta lección déjame compartir algo de lo más profundo de mi corazón. He notado que los hombres que Dios ha usado con ministerios poderosos vivieron su vida dedicados a un sólo propósito y no se enredaron en otros negocios de la vida. Una de las razones del fracaso en el ministerio, es tratar de hacer muchas cosas a la vez. Sigamos el ejemplo de los discípulos de Jesús, que cuando Él los llamó le siguieron y dejaron todo. Seamos como Pablo que dijo: *"Una cosa hago, olvidando ciertamente lo que queda atrás"* (Fil. 3:13). Si piensas entrar al ministerio que Dios te llamó, recuerda que es una decisión para el resto de tu vida. Todas tus fuerzas y energías tienen que ser dedicadas para un sólo propósito,

EL MINISTRO APROBADO

completar la obra de Aquel que nos llamó a esta santa vocación del ministerio.

*** **Pensamiento** ***

"La motivación mayor para cumplir mi propósito en la vida es para darle gloria a Dios.".

Excelencia Ministerial

LECCIÓN 8
DESARROLLANDO UN CARÁCTER DE INTEGRIDAD

ESCRITURA: Salmo 101:2-7

"Entenderé el camino de la perfección cuando vengas a mí. En la integridad de mi corazón andaré en medio de mi casa. No pondré delante de mis ojos cosa injusta. Aborrezco la obra de los que se desvían, ninguno de ellos se acercará mí. Corazón perverso se apartará de mí, no conoceré al malvado. Al que solapadamente infama a su prójimo, yo lo destruiré, no sufriré al de ojos altaneros y de corazón vanidoso. Mis ojos pondré en los fieles de la tierra, para que estén conmigo, el que ande en al camino de la perfección, éste me servirá. No habitará dentro de mi casa el que hace fraude, el que habla mentiras no se afirmará delante de mis ojos".

EL MINISTRO APROBADO

INTRODUCCIÓN: En el desarrollo de un ministerio de excelencia, pocas cosas son de tanta importancia como lo es el asunto de poseer un carácter íntegro. No importa cuantos dones o unción posea una persona, si eso no va acompañado de una vida de integridad, nunca la persona podrá llegar a la altura de la realización de su llamado y ministerio, al cual Dios lo ha llamado. El evangelio y particularmente el ministerio ha sufrido mucha crítica y burla por la actitud vaga, superficial y liviana que muchos ministros han mostrado hacia su carácter personal.

Benny Hinn dijo en una ocasión: "Tu integridad debe siempre ir al frente de tu unción". He visto tantos ministros que creen que porque la unción de Dios está en ellos, eso los libera de su responsabilidad de cultivar un carácter intachable. Jesús mismo dijo: *"Así alumbre vuestra luz delante de los hombres, para que vean vuestras buenas obras, y glorifiquen a vuestro Padre que está en los cielos"* (Mat. 5:16). Si algún grupo de personas debe desear traerle gloria a Dios, deben ser los que hemos sido llamados para ser sus embajadores en la proclamación de su glorioso evangelio.

A- Integridad es una Actitud del Corazón.-2 Crónicas 16:9

"Porque los ojos de Jehová contemplan toda la tierra, para mostrar su poder a favor de los que tienen corazón perfecto (íntegro) *para con El...."*

La integridad surge de un corazón que se ha rendido completamente a Dios. La integridad no es algo de la mente o de las emociones, ella es la manifestación de lo que abunda en el corazón. Cuando hablamos de algo

Excelencia Ministerial

íntegro nos referimos a algo que muestra ser entero, completo, cabal, intacto, honrado, justo, equitativo y balanceado. Donde hay integridad no hay hipocresía ni simulación. Toda persona debe buscar esto, porque no es lo normal en la raza humana. Aun el pecador más refinado, quien trata de presentar un frente de integridad, cuando está sólo, revela su verdadero carácter.

Las palabras integridad y perfección siempre van acompañadas. En el original hebreo en muchos lugares de la Biblia la palabra integridad se traduce perfección. Perfección no es meramente ausencia de pecado, sino la presencia de una actitud de humildad y sencillez que nos permite reconocer siempre nuestros errores y recurrir a Dios para que nos ayude a cambiarlos. Son a estas personas a quienes Dios está buscando para que sean sus instrumentos para mostrar su poder.

B- Dios Busca Hombres de Integridad.-Proverbios 20:7

"Camina en su integridad el justo, sus hijos son dichosos después de él".

Dios quiere ser bien representado en la tierra. Por lo tanto, El prefiere ser representado por aquellas personas que tienen un carácter que se asemeja más al de El. Esto explica porqué las personas que descuidan esta área no duran mucho en el ministerio. No seamos como esas estrellas errantes (Jud.1:13), que salen de repente en el cielo y muestran un gran brillo, pero pronto desaparecen para nunca más volverse a ver. Eso mismo le ha pasado a hombres que empezaron el ministerio con tremendas manifestaciones de gloria y unción, pero por no caminar en integridad, pronto desaparecieron de la escena. Dios

EL MINISTRO APROBADO

busca hombres de integridad que hablen, actúen y caminen en integridad. De acuerdo al Salmo 101, estos son los que habitarán en su casa y los que le servirán. David describe un hombre íntegro de la siguiente forma:

1- Tiene un corazón perfecto donde no hay vanidad.

2- No pone cosa injusta delante de sus ojos.

3- No mantiene relación y comunión con los que se desvían.

4- No permite la difamación del prójimo.

5- Es fiel y camina con los fieles.

6- No hace fraude.

7- Es hombre de verdad.

8- No practica el pecado.

C- El Carácter de Integridad del Ministro - 1 Tim. 3:1-7

"Pero es necesario que el obispo sea irreprensible, marido de una sola mujer, sobrio, prudente, decoroso, hospedador, apto para enseñar, no dado al vino, no pendenciero, no codicioso de ganancias deshonestas, sino amable, apacible, no avaro, que gobierne bien su casa, que tenga a sus hijos en sujeción con toda honestidad (pues el que no sabe gobernar su propia casa, ¿cómo cuidará de la iglesia de Dios?), no un neófito, no sea que envaneciéndose caiga en la condenación del diablo. También

Excelencia Ministerial

es necesario que tenga buen testimonio de los de afuera, para que no caiga en descrédito y en lazo del diablo".

El Apóstol Pablo escribiéndole a su hijo Timoteo le dio los rasgos de un carácter de integridad en el ministro. El le está hablando a toda persona que desea el ministerio. Es posible que Pablo le esté diciendo una de dos cosas: "Si tú deseas el ministerio, estas virtudes deben estar en ti, o tú debes tener la mejor disposición para adquirirlas".

La Regla para Medir al Ministro

1-Irreprensible - Que tenga una conducta intachable de modo que nadie le dispute o contradiga. Sabe mantener la pureza y santidad de su espíritu, alma y cuerpo en armonía con la Palabra de Dios.

2- Marido de una sola mujer - Que sea fiel a su mujer y que evite a todo costo el divorcio, indica fidelidad conyugal. La única razón para el divorcio de acuerdo a la Biblia, es la infidelidad sexual de su cónyuge.

3- Sobrio - Que sea templado en su temperamento, y que tenga control de sus pasiones y su genio. Las explosiones de ira no son parte del carácter de un hombre de Dios.

4- Prudente - Que tenga control propio, y que sea moderado en sus opiniones y sus pasiones. Esta prudencia lo lleva a modelar cada una de sus acciones con la Palabra de Dios.

5- Decoroso - Que sea ordenado en cada área de su vida, puntual, responsable, de buena conducta moral y social.

EL MINISTRO APROBADO

6- *Hospedador* - Que disfrute tener invitados en su casa. Que esté dispuesto a abrir su casa para compartirla con otros compañeros en el ministerio.

7- *Apto para enseñar* - Que sepa instruir a otros en las verdades fundamentales del evangelio. Aunque el ministro no tenga el ministerio de maestro, debe tener la habilidad para enseñar la Palabra.

8- *No dado al vino* - Significa en el original "que no esté cerca del vino". Debe recordar como las bebidas intoxicantes corrompen el juicio, y pueden llevar a la persona a otras desviaciones morales y éticas en su conducta.

9- *No pendenciero* - No debe ser vengativo, no guarda rencor por las ofensas que ha recibido. Camina en amor y perdón hacia los que se oponen a él y a su ministerio.

10- *No codicioso de ganancias deshonestas* - No tiene un deseo desordenado por el dinero y por otras cosas materiales. No codicia y envidia lo de otros. Está contento con lo que posee y evita recibir dinero por medios cuestionables. (Vea Lección Número 25)

11- *Amable* - Muestra gentileza en su trato con todos los hombres y practica la ley del amor como la regla número uno de su vida. Esto no indica debilidad de carácter para confrontar el pecado o para ejercer autoridad.

12- *Apacible* - Que no sea un alborotador y evite los escándalos. Es un pacificador y en cuanto depende de Él trata de estar en paz con todos los hombres.

13- *No avaro* - No quiere todo para él, y no muestra una actitud egoísta en el trato con los demás. En vez de

Excelencia Ministerial

siempre estar pensando en qué y cuánto puede recibir, siempre está buscando maneras de compartir con otros lo que Dios le ha dado.

14- Que preside bien su casa - Mantiene su rango de autoridad en el hogar. Su casa es su primer ministerio, donde él pone en práctica lo que predica en la iglesia.

15- No un neófito - Que no sea un recién convertido o recién plantado en la fe, porque será engañado por el diablo, El que es nuevo en la fe es muy dado al orgullo y a la vanidad cuando está en una posición de autoridad.

16- Buen testimonio de los de afuera - Significa que tenga un buen récord, y evidencia de sus buenas obras ante los pecadores. Un buen testimonio evitará que el ministro pierda la credibilidad con de los de afuera.

Por la conducta que observamos hoy en muchos ministerios pereciera como que Dios ha cambiado los requisitos para ser un hombre de Dios. Tenemos que cuidarnos que no seamos influídos por el espíritu prevaleciente en la sociedad moderna. Hoy se excusa la inmoralidad de los líderes con mucha facilidad, y esto también ha entrado a la iglesia. Algunos que tienen un testimonio cuestionable en las áreas que mencionamos anteriormente excusan su comportamiento aludiendo al crecimiento de su ministerio, o auspiciando una doctrina de gracia barata. No olvidemos que Dios no cambia y que hay una verdad que es eterna en su aplicación: *Todo lo que el hombre sembrare, eso también segará* (Gal. 6:7)

EL MINISTRO APROBADO

*** Pensamiento ***

"Sólo un carácter de integridad mantendrá a flote la unción y los dones del hombre de Dios."

Excelencia Ministerial

LECCIÓN 9
COMO MANTENER LA EXCELENCIA MINISTERIAL

ESCRITURA: 1 Timoteo 4:6-8

"Si esto enseñas a los hermanos, serás buen ministro de Jesucristo, nutrido con las palabras de la fe y de la buena doctrina que has seguido. Desecha las fábulas profanas y de viejas. Ejercítate para la piedad, porque el ejercicio corporal para poco es provechoso, pero la piedad para todo aprovecha, pues tiene promesa de esta vida presente, y de la venidera". (1 Tim. 4:6-8)

INTRODUCCIÓN: En estas escrituras el Apóstol Pablo está aconsejando a uno de los hombres que él había entrenado para el ministerio. Las dos cartas de Pablo a Timoteo tienen el propósito de desarrollar carácter en el ministro, de forma que éste tenga un ministerio de excelencia. Estas cartas apostólicas, no sólo deben ser leídas y estudiadas antes de entrar al ministerio, sino que deben ser como un

EL MINISTRO APROBADO

manual para el ministro en el ejercicio de su ministerio para el resto de tu vida.

Una cosa es empezar en el ministerio con mucho empuje, otra cosa es mantener esa fuerza y motivación cada día y durante todas las situaciones que se te presenten con el correr del tiempo. Podemos resumir las instrucciones de Pablo al respecto en cinco consejos básicos. Si le prestamos atención a estos consejos, evitaremos un sinnúmero de crisis y problemas innecesarios, que no son causados por Satanás, sino por causa de nuestra negligencia e irresponsabilidad.

A- La Necesidad de la Excelencia

Podemos definir la excelencia como la forma bella, correcta y ordenada de hacer las cosas. Lo contrario a la excelencia es la mediocridad. La mediocridad es la forma barata, chabacana y baja de hacer algo. Dios es un Dios de excelencia y todo lo ha creado con precisión, belleza y orden. Es la excelencia de Dios lo que mantiene a la tierra en su lugar y lo que hace que la creación funcione a perfección.

Es una contradicción que en toda empresa secular se espera y se busca la excelencia, tanto en sus líderes como en sus empleados, pero en muchos círculos cristianos se pasa por alto. Es sólo cuando entramos al campo cristiano que hemos llegado a concluir que con sólo hacer ciertos ejercicios religiosos, eso es más que suficiente para agradar a Dios y para hacer su obra. Yo creo que esta filosofía ha sido responsable del atraso del evangelio en muchos sectores.

Excelencia Ministerial

El llamado de Dios al ministro es a buscar la excelencia en cada aspecto de su vida y ministerio. Esta excelencia no sólo tiene que ver con nuestro ministerio público, sino con la conducta de nuestra vida privada. La mediocridad y la superficialidad no pueden ser parte de un ministro de Dios. Nuestro llamado es muy alto, para conducirnos, hablar y ser como la gente normal del pueblo. Para esto no hay excusas, porque podemos cambiar nuestro modo de ser, y podemos estudiar para refinarnos y mostrar al mundo que los embajadores de Cristo somos gente de respeto, de excelencia y de alta dignidad. Creo que por esta razón es que Pablo le dio estos consejos a Timoteo que son tan importantes hoy como lo fueron dos mil años atrás.

b- Desecha lo Vano y Superficial.- 2 Timoteo 2:16

"Mas evita profanas y vanas palabrerías, porque conducirán más y más a la impiedad".

Uno de los grandes peligros del ministerio es el envolvernos en cosas que nos roben la efectividad para operar en la unción y el poder, que son tan necesarias para poder ejercer un ministerio de excelencia. Ahora no estoy hablando necesariamente de pecado, lo cual todos entendemos y sabemos que no podemos darle lugar ni por un segundo. Lo que voy a decir puede ser mal interpretado, pero es mi opinión personal que son más las personas que no llegan a desarrollar al máximo su llamado por razón de cosas vanas y superficiales que por grandes pecados.

EL MINISTRO APROBADO

Muchas veces nos alarmamos cuando sabemos de un ministro que pierde la efectividad de su ministerio por un pecado visible, pero ¿cuántos son los miles de ministros que están teniendo un ministerio mediocre y superficial sin nunca haber cometido un grave pecado?. Si Satanás no puede lograr envolvernos en graves pecados de carácter moral, él va a tratar de desviarnos por medio de sutilezas que nos apartan del propósito. Hay una lista de cosas superficiales de las cuales debemos cuidarnos.

1- Discusiones sobre cuestiones de interpretación bíblica.-1 Tim. 1:4

2- Mitos y cosas ficticias-1 Tim.4:7

3- Contiendas sobre cosas superficiales-1 Tim. 6:3-5

4- Deseo por hacerte rico.-1 Tim. 6:8-10

5- Profanas y vanas palabrerías-2 Tim. 2:16

6- Las pasiones juveniles-2 Tim. 2:22

7- Darle importancia a cosas de la Biblia que no la tienen.-2 Tim.2:23

Hay otras cosas superficiales de las cuales debemos cuidarnos que son propias de la vida moderna. Timoteo no tuvo que enfrentarse a algunas de estas cosas, pero hoy nosotros estamos expuestos a ellas:

1- Los placeres del mundo.

2- Diversiones sanas e inocentes que nos roban el tiempo de estar con Dios.

3- Envolvernos en cuestiones sociales y políticas.

Excelencia Ministerial

4- Envolvernos emocionalmente con la gente.

5- Convertirnos en meros administradores, en vez de tener un ministerio espiritual.

6- Estar tan atado a las exigencias de la familia que dejamos de cumplir las exigencias de Dios.

7- El afán y la ansiedad por cosas que tú no puedes resolver.

B- Ejercítate para la Piedad.- 1 Timoteo 4:7

"Ejercítate para la piedad, porque el ejercicio corporal para poco es provechoso, pero la piedad para todo aprovecha, pues tiene promesa de esta vida presente, y de la venidera".

El ministerio es trabajo, dedicación y diligencia. La persona que crea que puede tener éxito en el ministerio sin ser diligente y responsable, se va a llevar una gran sorpresa. En la misma forma que el ejercicio corporal ayuda en la parte física, el ejercicio espiritual es necesario en el entrenamiento de la mente y el espíritu. El ejercicio espiritual producirá beneficios tanto para esta vida como para la venidera. La forma como tú te disciplines ahora para las cosas espirituales, determinará en gran manera las bendiciones que vas a cosechar en el futuro. Toda persona que desee un ministerio de excelencia, tendrá que disciplinarse para el mismo.

Esto no será fácil, porque nuestra carne y nuestra mente se nos opondrán en todo momento para que no hagamos la voluntad de Dios. Al principio tenemos que romper la resistencia a buscar las cosas espirituales y

EL MINISTRO APROBADO

poner el Reino de Dios en primer lugar. Al principio no será fácil, porque estás rompiendo viejos hábitos y costumbres que han sido parte de tu formación desde niño. Nos ejercitamos para la piedad, o sea, para ser más santos.

Algunas áreas donde tenemos que ejercitarnos:

1- Decirle no al diablo, al pecado y la carne- Heb. 5,13-14

2- El estudio de la Palabra- 2 Tim. 3:15-17

3- Vida de oración- Efe. 6:18

4- La práctica del ayuno- Mar. 9:29

5 Obediencia- Heb. 5:8-10

C- Ocúpate en tu Ministerio.- 1 Timoteo 4:13,15

"Entre tanto que voy, ocúpate en la lectura, la exhortación y la enseñanza". (Ver. 13)

"Ocúpate en estas cosas, permanece en ellas, para que tu aprovechamiento sea manifiesto a todos".(Ver. 15)

La palabra que en Español se traduce "ocúpate" es una palabra rica en significado en el idioma griego. Podríamos decir: agárrate, presta atención, cuídalo, aplícate, date, dedícate al ministerio. Esta debe ser nuestra actitud hacia el ministerio que Dios nos ha dado, si en verdad queremos ser excelentes en el mismo. El ministerio es como un sembrado que se deja por sí mismo. Si tú no cuidas lo que siembras, no importa cuan buena sea la semilla, no obtendrás la cosecha que ese terreno

Excelencia Ministerial

puede producir. Hay un error prevaleciente en los ministros del evangelio, al creer que porque tienen un llamado y una unción pueden ser descuidados en otras áreas que tienen que ver con su ministerio.

Con el llamado recibimos la capacidad para ser excelentes, pero si no nos ocupamos en hacer las cosas que contribuyen al éxito del ministerio, nunca desarrollaremos el potencial de lo que Dios puso en nosotros. Yo no me explico cómo ministros pasan años y años sin ver un progreso en su efectividad ministerial y no hacen nada para cambiar la situación. Esto nos lleva al próximo punto de estudio en esta lección, lo cual tiene que ver mucho con la ejecución de tu ministerio. Una palabra de consejo antes de continuar. No estés tan ocupado en lo que otra persona esté haciendo o no esté haciendo. Cuida tus negocios y deja que Dios y las otras personas se encarguen de los de ellas.

D- No Descuides el Don.-1 Timoteo 4:14

"No descuides el don que hay en ti, que te fue dado mediante profecía con la imposición de las manos del presbiterio".

Es el don lo que nos abre camino en el ministerio. No cometas el error de buscar promoción y exposición por medio de la política religiosa y conexiones humanas. Nunca olvides que lo que el hombre te da, el hombre te quita. Dios nos ha dado uno o mas dones para que los usemos en el ministerio. Usemos ese don sabiamente. Nunca lo usemos con fines de hacer dinero, de llamar la atención hacia nosotros, o con fines de controlar personas.

EL MINISTRO APROBADO

Aunque el don es dado por Dios, somos nosotros los que lo cuidamos. Un ejemplo de esto lo tenemos en el relato que Jesús hizo sobre los talentos (Mat. 24:14-30). Aunque a cada persona se le dio una cantidad de talentos diferentes, el Señor no fue injusto, porque le dio a cada uno conforme a su capacidad. Dependía de lo que cada uno hiciera con el talento que su Señor le dio. Si lo usaba bien, ese talento sería multiplicado, si no sería quitado. Trabaja y funciona con el don que Dios te dio, y si eres fiel Él te añadirá. No descuides el don por más insignificante que tú creas que sea.

En la segunda carta Pablo nos dice algo adicional en referencia al don. El le dijo a su hijo Timoteo: *"Por lo cual te aconsejo que avives el fuego del don de Dios que está en ti por la imposición de las manos del ministerio"* (2 Tim. 1:6). Con el pasar del tiempo y como consecuencia de las experiencias negativas que tenemos en el ministerio, podemos perder el fuego y la motivación que teníamos al principio. La respuesta para esto es mantenernos continuamente avivando el don que hay en nosotros. La palabra **"avivar"** conlleva la idea de volver a prender el fuego o soplar el fuego que está por apagarse.

Por experiencia puedo decir que muchas veces nos envolvemos tanto en el ministerio y con la gente, que empezamos a sentir que el poder y la efectividad espiritual comienzan a menguar. Es en situaciones así cuando Satanás puede vencernos porque nos llenamos de temores y ansiedades. La cura para esto es dejar a un lado todo lo que estamos haciendo y encerrarnos con Dios en ayuno y oración hasta que la llama del Espíritu esté ardiendo en nosotros al rojo vivo.

Excelencia Ministerial

E- Ten Cuidado de Ti y la Doctrina.- 1 Tim. 4:16, 2 Tim 4:3

"Ten cuidado de ti mismo y de la doctrina, persiste en ello, pues haciendo esto te salvarás a ti mismo y a los que te oyeren". (1 Tim. 4:16)

"Porque vendrá tiempo cuando no sufrirán la sana doctrina, sino que teniendo comezón de oír, se amontonarán maestros conforme a sus propias concupiscencias". (2 Tim. 4:3)

Es interesante notar el orden de Pablo, primero cuídate tú, después cuida la doctrina. Podemos tener la doctrina correcta, sin haber corregido al exponente de la misma. Es importante que seamos cuidadosos en mantener la sana doctrina, pero es más importante que antes que enseñemos algo, lo estemos practicando. Si cuidamos nuestro testimonio, seremos más efectivos enseñándole a otros la doctrina que estamos practicando. En la próxima lección trataremos sobre el cuidado de tu persona. En cuanto a la doctrina quiero terminar con las palabras de Pablo:

"Si alguno enseña otra cosa, y no se conforma a las sanas palabras de nuestro Señor Jesucristo, y a la doctrina que es conforme a la piedad, está envanecido, nada sabe, y delira acerca de cuestiones y contiendas de palabras..." (1 Tim. 6:3-4)

F- Características de la Sana Doctrina.

1- No puede contradecir ninguna verdad de la Biblia.

EL MINISTRO APROBADO

2- Nunca puede alterar el carácter de santidad y soberanía de Dios.

3- No puede cambiar las doctrinas de gracia y justicia de las Sagradas Escrituras.

4- Debe siempre acercarte más a Dios.

5- Debe estimularte a la consagración y a la santidad.

6- Debe siempre estimular tu fe en Dios.

7- No puede cambiar nada que Jesús enseñó y practicó.

8- No te debe separar del cuerpo de Cristo, como que tú eres el escogido de Dios.

9- Nunca te quita la paz y el gozo para servir al Señor.

10- Es una doctrina práctica que te ayuda en todas las esferas de la vida, no sólo enfatiza el más allá.

*** Pensamiento ***

"Si esperamos excelencia de parte de Dios, es de esperar que Dios espere excelencia de nosotros."

Excelencia Ministerial

LECCIÓN 10
LOS CINCO ENEMIGOS DEL MINISTERIO

ESCRITURA: 2 Timoteo 2:19-21

"Pero el fundamento de Dios está firme, teniendo este sello: Conoce el Señor a los que son suyos, y, apártese de iniquidad todo aquel que invoca el nombre de Cristo. Pero en una casa grande, no solamente hay utensilios de oro y de plata, sino también de madera y de barro, y unos son para usos honrosos, y otros para usos viles. Así que si alguno se limpia de estas cosas, será instrumento para honra, santificado, útil al Señor, y dispuesto para toda buena obra".

INTRODUCCIÓN: El hecho de que una persona tenga un llamado en su vida y esté ungido, no garantiza que esté exenta de ciertos peligros que amenazan su efectividad y permanencia en el ministerio. Hay un error prevaleciente en la iglesia moderna de creer que porque alguien está

EL MINISTRO APROBADO

ungido, eso le da licencia para violar ciertos principios de conducta claramente establecidos en la Palabra de Dios.

Si alguna persona es un blanco favorito para el diablo, es la persona que está al frente de un ministerio, la cual tiene influencia con el público. Satanás bien sabe como una acción vergonzosa en un ministro afecta el progreso del evangelio y la credibilidad de los hombres de Dios. Guardémonos de los siguientes enemigos, los cuales pueden fácilmente destruir nuestra efectividad como hombres de Dios.

A- El Orgullo y la Vanidad- 2 Cro. 26:16, Job 33:14-19, Pro. 16:18

> *"Mas cuando (Uzías) ya era fuerte, su corazón se enalteció para su ruina, porque se rebeló contra Jehová su Dios, entrando en el templo de Jehová para quemar incienso en al altar del incienso".* (2 Cro. 26:16)

> *"Antes del quebrantamiento es la soberbia, y antes de la caída la altivez de espíritu".* (Pro. 16:18)

Todos empezamos en el ministerio con humildad y sencillez sabiendo que necesitamos desesperadamente la ayuda e intervención divina para todo lo que hacemos. Es entonces cuando ayunamos, oramos y buscamos el rostro del Señor. Hay un gran peligro al cual todos estamos expuestos cuando Dios empieza a usarnos con poder, la gente nos empieza a alabar, y el dinero empieza a llegar. Es entonces cuando la astuta serpiente del orgullo comienza a asomar la cabeza, para inflarnos y hacernos creer que

Excelencia Ministerial

somos autosuficientes o superiores a otros que han alcanzado menos que nosotros. Esta actitud siempre arrastra al individuo a cosas peores que nunca pensaba cometer.

Fue el orgullo, el pecado original, el cual llenó el corazón de Lucifer para rebelarse contra Dios (Eze. 28:17). Se le olvidó a Satanás que todo lo que él era, tenía y hacía se lo debía a su Creador. Este es la misma situación de ministros que se les olvida que de no ser nadie, Dios los llamó, los equipó, y los sentó con los príncipes de su pueblo. El resultado de este pecado siempre será el mismo. Tarde que temprano vendrá la caída. Dios se encarga personalmente de oponerse al orgulloso y causar su caída. Como Dios no hace acepción de personas, lo que hizo con Lucifer lo hará con todo aquel que tenga el espíritu de él.

¿Cómo mantenerme libre de este enemigo? Nunca te tomes muy en serio, no importa cuanto Dios te use. Mantén una dependencia diaria con Dios por medio del Espíritu Santo, diciéndole a Dios que eres un incapacitado sin su ayuda. Acepta la corrección de verdaderos amigos y de tus líderes espirituales. Renuncia a este espíritu cada día, y pídele al Espíritu Santo que te revele cuándo el orgullo está entrando a tu vida.

B- Buscando Fama y Posición- Fil. 2:5-8

"Haya, pues, en vosotros este sentir que hubo también en Cristo Jesús, el cual siendo en forma de Dios, no estimó el ser igual a Dios como cosa a que aferrarse, sino que se despojó a sí mismo, tomando forma de

EL MINISTRO APROBADO

siervo, hecho semejante a los hombres, y estando en la condición de hombre, se humilló a sí mismo, haciéndose obediente hasta la muerte, y muerte de cruz".

Nadie debe buscar el ministerio por el amor a la fama o al reconocimiento público. Es el orgullo lo que nos lleva a tratar de buscar posición y conexión con la gente influyente con el hambre de ser un "Don Alguien". No estamos en el ministerio para ser vistos o reconocidos, sino para ser siervos de Dios y de la gente. Es cuando los líderes empiezan a buscar fama que se empiezan a hacer compromisos con convicciones morales, éticas y espirituales. El próximo paso siempre es el pecado, especialmente cuando razonamos que el fin justifica los medios.

Los discípulos de Jesús tenían este problema. Cuando Jesús iba camino a Jerusalén se formó una acalorada discusión sobre quién de ellos sería el mayor en el Reino de los cielos. Posiblemente cada uno de ellos tenía su razón particular para creer que merecía ese lugar de fama y honor. Jesús discernió este espíritu equivocado y les dio la gran lección de su vida al decirles que estaban operando de acuerdo al sistema de este mundo, y en su Reino no sería así. El estableció que el secreto de la grandeza es el servicio, no la búsqueda de promociones o posiciones (Mar. 10:42-45). Siempre dale la gloria a Dios, y espera que El te exalte cuando fuere tiempo. La fama que tú buscas, tú la echas a perder, pero la que Dios da nos bendice y nos hace mejores ministros. ¿Por qué? Porque sólo la usamos para engrandecer a Jesucristo y atraer gente hacia El.

Excelencia Ministerial

C- La Envidia y la Competencia- Pro. 14:30

"El corazón apacible es vida de la carne, mas la envidia es carcoma de los huesos".

Siempre he dicho que lo que Dios tiene para mí, nadie me lo puede dar y nadie me lo puede quitar. Si conocemos bien la Palabra donde dice que *toda buena dádiva y todo don perfecto desciende de lo alto del Padre de las luces (*Stg. 1:17), entonces no envidiaremos la bendición de alguien o entraremos en competencia. Reconoce la gracia que Dios ha puesto en ti y nunca te compares con otra persona. No envidies la iglesia o el ministerio de otra persona y no trates de competir con otros. Aprende a gozarte con el éxito de otros y algún día alguien se gozará con el tuyo.

He observado ministros que están muy preocupados con lo que están haciendo otros ministros u otras iglesias que con lo que Dios los mandó a hacer. Gastan más tiempo en hacer preguntas y cuestionar las motivaciones de otros, de tal forma que ellos terminan no haciendo nada. No olvidemos la otra cara de la moneda que toda obra buena que tú hagas, despertará la envidia de otras personas y líderes que no son espirituales. Esto es cumplimiento de la Palabra en Eclesiastés 4, verso 4: "*He visto asimismo que todo trabajo y toda excelencia de obras despierta la envidia del hombre contra su prójimo*".

Nunca hagas algo porque otro lo está haciendo, sino porque Dios te está dirigiendo a hacerlo. Funciona en la gracia y en la unción que Dios ha depositado en ti, y no tendrás que envidiar a nadie ni competir con lo que otro está haciendo. No importa cuanto trates de competir con

EL MINISTRO APROBADO

alguien o de hacer lo que él está haciendo, todo el mundo notará la falta de realidad en tu vida y terminarás haciendo el ridículo.

D- El Amor al Dinero- 1 Timoteo 6:9-10, Lucas 16:13

"Porque los que quieren enriquecerse caen en tentación y lazo, y en muchas codicias necias y dañosas, que hunden a los hombres en destrucción y perdición, porque raíz de todos los males es al amor al dinero, el cual codiciando algunos, se extraviaron de la fe, y fueron traspasados de muchos dolores. (1 Tim. 6:9,10)

"Ningún siervo puede servir a dos señores, porque o aborrecerá al uno y amará al otro, o estimará al uno y menospreciará al otro. No podéis servir a Dios y a las riquezas". (Luc. 16:13)

Dios desea que sus siervos tengan prosperidad y tengan finanzas suficientes para sus necesidades y para la extensión del Reino de Dios en la tierra. No hay nada de malo en ser próspero y tener cosas buenas. El mismo Pablo que le advirtió a Timoteo sobre el peligro del amor al dinero, le dijo más adelante: "*A los ricos de este siglo manda que no sean altivos, ni pongan la esperanza en las riquezas, las cuales son inciertas, sino en **el Dios vivo, que nos da todas las cosas en abundancia para que las disfrutemos**"* (1 Tim. 6:17).

El dinero nunca debe ser una meta, sino un medio para establecer la voluntad de Dios en la tierra. El amor y la ansiedad por el dinero tenemos que sacarlo de nuestro

Excelencia Ministerial

corazón, porque nunca podremos servir a dos señores (Mat. 6:24). He notado que gente que ama el dinero y se afanan por el mismo, no pueden ejercer fe para recibirlo. Es por eso que tienen que recurrir a las artimañas y trampas de la carne y del mundo para conseguir dinero. Es mi experiencia vivida que al que Dios llama, Dios le provee. Dios tiene un pacto con los que Él llama, que si estos le honran, Él también les honrará a ellos.

El ministro de Dios debe tener una alta ética en todo aquello que se refiere a dinero. En primer lugar el dinero no debe ser la motivación de nuestro ministerio. De gracia hemos recibido y de gracia debemos dar. Nunca prediques por dinero o por falta del mismo. No busques lugares para predicar por conveniencia económica. Considero una abominación y una vileza el predicador que exige una cantidad determinada de dinero por ir a predicar a una iglesia. Este es el espíritu de Balaam, el cual Dios juzgará severamente (Jud. 1:11). El que profetiza por dinero, tarde que temprano termina siendo siervo de los hombres y no de Dios.

Son muchos los ministros que han perdido la unción por causa del amor al dinero. Es mi opinión personal que ningún ministro debe enredarse en otro tipo de negocios con el fin de almacenar dinero. El ministro debe ser totalmente íntegro en el manejo de sus finanzas y las finanzas del ministerio. Nunca le tomes prestado a un miembro de tu iglesia, ni favorezcas a un miembro o familia porque son los mejores contribuyentes. Paga tus cuentas a tiempo, para que seas un buen testimonio en la comunidad. Se fiel con el Señor en tus diezmos y ofrendas, y nunca dejes de honrar al compañero ministro que viene

EL MINISTRO APROBADO

a ministrar a tu iglesia. Si tú eres fiel en lo poco, algún día Dios te pondrá en lo mucho.

E- El Lazo de las Mujeres- Pro. 2:16, Pro. 5:20, Pro. 6:24-35

"Serás librado de la mujer extraña, de la ajena que halaga con sus palabras". (Pro. 2:16)

"¿Y por qué, hijo mío, andarás ciego con la mujer ajena, y abrazarás el seno de la extraña?" (Pro. 5:20)

"Para que te guarden de la mala mujer, de la blandura de la lengua de la mujer extraña. No codicies su hermosura en tu corazón, ni ella te prenda con sus ojos".(Pro. 6:24,25)

En cada caída de todo hombre de la Biblia siempre ha habido una mujer envuelta. Satanás sabe como llegar a cualquier hombre por medio de una falda. Cada hombre de Dios será enfrentado con esta prueba tan siquiera una vez en su ministerio. La mejor defensa para un ministro es tener un matrimonio estable y saludable para que Satanás no gane ventaja. En cada iglesia Satanás trae sus instrumentos para destruir ministerios y traer vergüenza al nombre de Cristo.

He aquí algunos **Consejos Prácticos** sacados de la Biblia y de mi experiencia en el ministerio del Señor:

1- Cuídate de la mujer que te halaga constantemente y te hace inflar tu ego.

Excelencia Ministerial

2- Cuídate de la mujer que siempre quiere consejería individual.

3- Cuídate de la mujer que te dice que quiere una relación "especial" contigo.

4- Cuídate de la mujer que el único tema que trata contigo es las fallas de su marido y cómo él no la atiende sexualmente.

5- Cuídate de la mujer que quiere saber el secreto de tu unción y tu poder.

6- Cuídate de compartir tus problemas conyugales con otra mujer.

7- No frecuentes sólo la casa de ninguna mujer que viva sola. - Pro. 5:8, Pro. 7:27

Hay dos versos en las Sagradas Escrituras que nos dan a entender que la caída de los hombres de Dios en adulterio se debe a una disciplina del Señor por otro tipo de pecados en contra de Dios.

"Fosa profunda es la boca de la mujer extraña, aquel contra el cual Jehová estuviere airado caerá en ella. (Pro. 22:14)

"Y he hallado más amarga que la muerte a la mujer cuyo corazón es lazos y redes, y sus manos ligaduras. El que agrada a Dios escapará de ella, mas el pecador quedará en ella preso". (Ecl. 7:26)

No seas como Sansón que por no saber controlar sus apetitos carnales cortó su ministerio por la mitad. El que pudo gobernar a Israel y morir lleno de honores y

EL MINISTRO APROBADO

gloria, murió como un tonto junto con sus enemigos. ¡Parece que cinco o diez minutos de placer no se pueden comparar con el daño que puedes causar a la iglesia de Cristo y a tu credibilidad como siervo de Dios!. Recuerda estas palabras por el resto de tu vida: "Las faldas de Dalila no son el mejor lugar para descansar de tus faenas y trabajo. Es el lugar de sacrificar tu unción, tu llamado, y tu destino profético en el altar de un amor barato"

*** Pensamiento ***

"Si tú no destruyes los enemigos de tu ministerio ahora, tus enemigos te destruirán después."

CAPÍTULO 3

ELEMENTOS DEL ÉXITO MINISTERIAL

El ministerio como cualquiera empresa natural requiere de que los integrantes del mismo observen ciertos principios, que son los que asegurarán el éxito. Si ignoramos estos principios seremos responsables de nuestro propio fracaso.

Lección 11: La Necesidad de una Visión

Lección 12: La Prioridad de la Palabra

Lección 13: Prevaleciendo en Oración

Lección 14: Sin Fe es Imposible

Lección 15: El Ayuno que Rompe Yugos

EL MINISTRO APROBADO

Elementos del Éxito Ministerial

LECCIÓN 11
LA NECESIDAD DE UNA VISIÓN

ESCRITURA: Habacuc 2:1-3

"Sobre mi guarda estaré, y sobre la fortaleza afirmaré el pie, y velaré para ver lo que se me dirá, y qué he de responder tocante a mi queja. Y Jehová me respondió, y dijo: Escribe la visión, y declárala en tablas, para que corra el que leyere en ella. Aunque la visión tardará aún por un tiempo, mas se apresura hacia el fin, y no mentirá, aunque tardare, espéralo, porque sin duda vendrá, no tardará".

INTRODUCCIÓN: Cada hombre que Dios llama necesita una visión de Dios para cumplir su llamado. Es la visión lo que da sustancia y dirección al llamado. En el contexto de esta lección hablaremos de visión en el sentido figurado de la palabra, no necesariamente la visión que tiene una persona cuando cae en un trance, o Dios le abre el mundo espiritual. Esta visión es la realización interior que tiene

EL MINISTRO APROBADO

una persona de aquello a lo cual Dios la ha llamado. Esto indica que los ojos espirituales han sido abiertos para percibir espiritualmente el plan y el propósito de Dios para su vida.

Todos nosotros tenemos visiones de lo que somos o podemos ser, sean positivas o negativas. Esas visiones han sido estampadas en nuestra mente y corazón, y son ellas las que dirigen nuestras vidas. Si un ministro quiere ser un líder pionero, tiene que ser un visionario. La gente siempre sigue un hombre con visión, nunca sigue a un ciego.

A- Estamos Tratando con un Mundo Invisible. 1 Cor. 2:9

Antes bien, como está escrito: Cosas que ojo no vio, ni oído oyó, ni han subido en corazón de hombre, son las que Dios ha preparado para los que le aman.

La función del ministro es hacer real a un mundo materialista, un mundo que está más allá de los cinco sentidos físicos. Dios, Jesucristo y el Espíritu Santo son invisibles a los ojos naturales del ser humano. ¿Cómo podemos hacer real a un mundo natural y sensorial verdades espirituales?. Es por eso que los primeros que necesitamos una visión clara y concisa de ese mundo, somos nosotros. Es ahí donde entra en operación el Espíritu Santo, quien nos quiere revelar las cosas secretas de Dios. Antes de ser salvos, todos éramos ciegos en cuanto a las realidades espirituales. Por medio del nuevo nacimiento nuestros ojos espirituales empiezan a ser abiertos para comprender las cosas del Espíritu.

Elementos del Éxito Ministerial

Aquellos que Dios llama al ministerio tendrán la función y la responsabilidad de dirigir a otros en el Reino de Dios (un reino invisible). Se supone entonces que los que son llamados tengan una visión mayor y más clara de las cosas de Dios. En el Antiguo Testamento al profeta se le llamaba vidente porque él veía lo que el pueblo no veía. Para ser un ministro de éxito tenemos que ver lo que el mundo no ve y aún lo que el cristiano promedio no ve. ¿Te das cuenta ahora de la gran y solemne responsabilidad que cae sobre aquellos que Dios llama al ministerio?. Dios y el pueblo esperan de nosotros que seamos hombres y mujeres de visión que podamos dirigir a otros a tener su propia visión.

B- La Falta de Visión- Proverbios 29:18

"Sin profecía el pueblo se desenfrena, mas el que guarda la ley es sabio".

Dice la versión de la Biblia en inglés: *"Donde no hay visión el pueblo perece"* (Pro. 29:18). Como he dicho en los párrafos anteriores somos los ministros los responsables de impartirle una visión al pueblo. ¿Pero cómo podemos impartir lo que no tenemos?. Son miles las iglesias las que están funcionando sin una visión clara de lo que Dios quiere hacer con ellas. Cada ministro debe saber hacia dónde va, y más o menos tener un plan (un plano) de cómo hacerlo. Podríamos hacer las siguientes preguntas para localizar dónde está un individuo en relación con su visión. ¿Cuál es el propósito de tu llamado? ¿Hacia dónde te diriges en los próximos cinco años? ¿Cuáles son las metas definidas de tu ministerio? ¿Cuál es tu plan para cumplir esas metas?

EL MINISTRO APROBADO

Hay una idea equivocada en los cristianos que si algo es de Dios, se va a cumplir por sí solo sin ningún plan o cooperación del hombre. Nada en la vida acontece por accidente o por sí solo. Si pones un objeto en un lugar, se quedará ahí para siempre hasta que alguien venga a moverlo. Así mismo sucede con los llamados de Dios. El nos da el llamado, pero entonces nos toca a nosotros hacer las cosas correspondientes para alcanzar el éxito en el mismo. Me atrevo a decir que hay cientos de personas sentadas en las bancas de nuestras iglesias con un genuino llamado de Dios, esperando algo mágico que nunca va a acontecer. Después del llamado viene la búsqueda de la visión para cumplir el mismo.

C- Buscando una Visión- Romanos 15:13

"Y el Dios de esperanza os llene de todo gozo y paz en el creer, para que abundéis en esperanza por el poder del Espíritu Santo".

Toda visión viene por medio del Espíritu Santo. Para poder ser un hombre o mujer de visión tenemos que establecer una comunión con el Espíritu Santo. Es el Espíritu Santo quien toma las cosas secretas de Dios y nos las revela a nosotros. De algo que tiene que cuidarse todo ministro es de caminar en su propia ambición en lugar de seguir la visión de Dios. Cada visión es singular y particular, lo que indica que cada persona tendrá que pagar el precio de la búsqueda y la consagración para recibir la visión de Dios para su ministerio.

Dios no nos da todos los detalles de la visión a la misma vez. Si El lo hiciera nos asustaría, y muchos de nosotros nos echaríamos hacia atrás. Habacuc nos dice

Elementos del Éxito Ministerial

"sobre mi guarda estaré y sobre la fortaleza (la torre) afirmaré el pie". Aquí nos está hablando de una vida que constantemente está velando en oración y está firme en la búsqueda de la visión que Dios quiere darle. Es en oración cuando velamos para ver lo que Dios nos quiere decir sobre la visión. La expresión *"lo que se me dirá"* puede traducirse como *"lo que está arreglado para mí"*. No solamente en oración recibimos la visión, sino que recibimos corrección de Dios. La palabra **"queja"** significa en hebreo **"corrección"**. ¿Cuál va ser tu actitud cuando El te corrija? ¿Estás dispuesto a hacer cambios en cualquier actitud o área que Dios te indique? Esto conlleva una actitud de dependencia continua del Espíritu Santo.

D- Escribe la Visión

Algo sucede cuando tú escribes la visión que recibiste de Dios en oración. Yo no estoy hablando de sentarte y empezar a escribir de tu cabeza una visión fantástica y puramente mental, que sólo tiene el propósito de alimentar el ego y las ambiciones carnales. Hay un sinnúmero de personas frustradas porque escribieron visiones y las tales no se han cumplido. Dios no está obligado a cumplir ninguna visión que El no inició. Si así fuera, nos convertiríamos en criaturas independientes de Dios, y aterrizaríamos en la arrogancia y el orgullo.

Después que tú sabes sin ninguna sombra de dudas cuál es la visión de Dios para tu ministerio, entonces tú la escribes. Primero la escribes en las tablas de tu corazón por medio de las palabras que tú dices porque: *"Mi lengua es pluma de escribiente muy ligera"* (Salmo 45:2). Nos podemos cansar de escribir en papel todo lo que queramos, si no está escrito en el lienzo del corazón, es en

EL MINISTRO APROBADO

vano. El significado de la palabra **"escribe"** de Hab. 2:2 es **"describe"** Uno sólo puede describir lo que entiende bien. Escribe la visión y explícala para que el que escuche o lea la visión pueda correr con ella. No olvides, primero en el corazón, después en papel.

E- El Proceso de Espera- Romanos 8:25

"Pero si esperamos lo que no vemos, con paciencia (perseverancia) *lo aguardamos".*

Esta es la parte menos emocionante de una visión y es aquí donde se abortan muchos sueños y visiones. Habacuc nos dice que la visión es para un tiempo determinado. Podemos comparar el proceso de la visión con el proceso del embarazo de una mujer. No importa cuan desesperada esté una mujer por dar a luz la criatura que tiene tres semanas en su vientre, tendrá que esperar nueve largos meses normalmente. Cuando recibimos una visión entramos en un embarazo espiritual, el cual conlleva su tiempo antes de ver su cumplimiento.

Hay un tiempo de espera y preparación para toda visión. Es aquí donde necesitamos una vez más la asistencia del Espíritu Santo. Por medio de El es que abundamos en esperanza (expectación continua). Hay dos virtudes que necesitamos cuando estamos esperando, gozo y paz (Rom. 15:13). Si nos mantenemos en comunión con el Dios de esperanza, El nos inundará con estas dos gracias y se nos hará más fácil seguir creyendo hasta que veamos el nacimiento de la visión.

No cometamos el error de pensar que todo acontecerá de la noche a la mañana. La visión nacerá como un bebé a quien hay que cuidar y alimentar para que

Elementos del Éxito Ministerial

llegue a su crecimiento. Esto indica que nunca terminamos con la visión que Dios un día nos dio. Tenemos que cultivarla y alimentarla hasta que Cristo venga o hasta que nosotros vayamos por El. Si estás caminando en una visión que tú sabes que Dios la puso en tu corazón, no desmayes porque ves que su cumplimiento se tarda. Recuerda que aún Dios es paciente esperando que su visión por establecer su reino y llenar la tierra se cumpla en su totalidad. Así que no retrocedas de tu visión *"porque aún un poquito, y el que ha de venir vendrá, y no tardará. Mas el justo vivirá por fe, y si retrocediere, no agradará a mi alma.* Pero **nosotros no somos de los que retroceden** *para perdición, sino de los que tienen fe para preservación del alma"* Heb. 10:37-39.

*** **Pensamiento** ***
"Si lo puedes ver, lo puedes hacer."

EL MINISTRO APROBADO

Elementos del Éxito Ministerial

LECCIÓN 12
LA PRIORIDAD DE LA PALABRA

ESCRITURA: Santiago 1:19-25

"Mas el que mira atentamente en la perfecta ley, la de la libertad, y persevera en ella, no siendo oidor olvidadizo, sino hacedor de la obra, éste será bienaventurado en lo que hace". (Stg. 1:25)

INTRODUCCIÓN: Todo lo que Dios ha hecho lo ha hecho por medio de la Palabra y sin ella nada fue hecho (Jn. 1:1-2). La Palabra de Dios es el fundamento y sustancia de todo buen ministro de Jesucristo. Si queremos éxito tanto en la vida cristiana como en el ministerio, debemos poner la Palabra de Dios en primer lugar en cada área de nuestras vidas. La Biblia tiene que convertirse en nuestra única regla de fe y conducta.

Cada ministro debe tener un conocimiento funcional de la Biblia que lo capacite para dirigir su vida espiritual, instruir a otros, y defender su fe cristiana. No podemos ser analfabetos de la Palabra de Dios. El hombre que ponga la Palabra en primer lugar cosechará los

EL MINISTRO APROBADO

beneficios de la misma, tanto ahora como en la eternidad (1 Tim. 4:6-8).

A- Estableciendo un Fundamento Firme- Mat. 7:24,25

"Cualquiera, pues, que me oye estas palabras, y las hace, le compararé a un hombre prudente, que edificó su casa sobre la roca. Descendió lluvia, y vinieron ríos, y soplaron vientos, y golpearon contra aquella casa, y no cayó, porque estaba fundada sobre la roca".

Ningún ministerio va a durar y a poder enfrentarse a la oposición del mundo y del diablo, sino está bien fundamentado sobre verdades y principios eternos. En la escritura que estamos considerando, Jesús está hablando de la edificación de dos casas. Esta es una verdad que podemos aplicarla directamente a nuestra vida espiritual, porque esa fue la intención de Jesús al relatar esta historia. También es una verdad que describe el fundamento de la iglesia de Jesucristo. Después de Cristo haber predicado un extenso mensaje sobre los principios de operación del Reino de los cielos, El hizo una poderosa declaración sobre la importancia de edificar sobre la autoridad de la Palabra de Dios.

El hombre que quiera levantar un edificio (ministerio) que sea capaz de resistir todas las tormentas de la vida, tendrá que hacer lo que Jesús dijo: "*Cualquiera, pues, que me oye estas palabras y las hace, le compararé a un hombre prudente, que edificó su casa sobre la roca*" (Mat. 8:24). Tenemos que cerrar nuestros oídos a todas las ideas y conceptos de los hombres e ir a la Palabra

Elementos del Éxito Ministerial

de Dios para oír lo que El nos dice sobre toda situación. La Biblia contiene la respuesta para todo problema al cual el hombre se pueda encontrar. Si oímos lo que Dios tiene que decir y lo ponemos por obra, tendremos un fundamento que no podrá ser movido por ninguna circunstancia adversa, porque es un fundamento solido en la roca de la Palabra de Dios.

Por el contrario, si edificamos en las opiniones e ideas de los hombres (arena) cualquier pequeño viento derribará la casa espiritual. No pierdas de vista que al fin de cuentas lo único que va a durar y a prevalecer es lo que está establecido sobre los principios firmes de la Palabra y del reino de Dios (Heb.12:27-28, Mat. 24:35, 1 Ped.1:24-25).

B- La Autoridad de la Palabra de Dios - Heb.4:11

"Porque la Palabra de Dios es viva y eficaz, y más cortante que toda espada de dos filos, y penetra hasta partir el alma y el espíritu, las coyunturas y los tuétanos, y discierne los pensamientos y las intenciones del corazón".

Todo aquel que aspira al ministerio debe tener una revelación progresiva de la Palabra de Dios. Lo que dota al ministro de autoridad en el ejercicio de su llamado, es que él está respaldado por la Palabra viva y eficaz, la cual nunca vuelve atrás vacía y siempre hará lo que Dios quiere. Cada vez que un hombre predica la Palabra de Dios a una concurrencia, debe saber que él tiene todo el respaldo del cielo para repetir en la tierra lo que ya Dios dijo en los cielos. Por eso es que el ministro debe estudiar este Libro con diligencia para que sepa cómo esta Palabra de Dios

EL MINISTRO APROBADO

influye cada actividad del ser humano desde el día que nace de nuevo hasta el día que va a morar con el Señor en el cielo. Quiero darte algunas características de la Palabra de Dios y cómo ella afecta la vida del creyente.

1- **Es inspirada por Dios** - 2 Ped. 1:21, 2 Tim. 3:16

2- **Es eterna, infalible, poderosa, y santa.**- 1 Ped. 1:25

3- **Es la semilla incorruptible.**- 1 Pedro 1:23

4- **Tiene poder creativo.**- Juan 1:1-2, Hebreos 11:2

5- **Provoca el nuevo nacimiento.**- 1 Pedro 1:23

6- **Santifica al creyente.**- Juan 17:14-17

7- **Nos da herencia con los santificados.**- Hec. 20:32

8- **Engendra fe en el hombre.** - Romanos 10:8,17

9- **Es la medicina de Dios.** - Pro. 4:20-22, Sal. 107:20

10- **Vence a Satanás.**- 1 Juan 2:14, Mateo 4:4

11- **Fortalece al creyente.**-Deuteronomio 11:8

12- **Abre el camino al éxito.**-Josué 1:8, Salmo 1:3

C- El Principio de la Semilla- Marcos. 4:11-20

> *"Y éstos son los que fueron sembrados en buena tierra: los que oyen la Palabra y la reciben, y dan fruto a treinta, a sesenta, y a ciento por uno".* (Mar. 4:20)

El reino de Dios opera de acuerdo al principio de siembra y cosecha de la semilla. La Palabra es la semilla incorruptible de Dios que es sembrada en nuestros corazones o en los corazones de aquellos a quienes les

Elementos del Éxito Ministerial

ministramos la Palabra. Jesús dijo que el misterio del reino de Dios se entiende a base de la parábola de la semilla. Jesús describió cuatro clases de terreno en los cuales cayó la semilla de la Palabra. En esta parábola el corazón del hombre es el terreno donde la Palabra es sembrada. La semilla fue la misma en los cuatro terrenos, lo que indica que el problema nunca reside en la semilla que se siembra sino en el terreno (corazón) que recibe la semilla (Palabra). Es la perfecta voluntad de Dios que su Palabra produzca una abundante cosecha en cada corazón que es sembrada. ¿Por qué entonces una semilla se la comieron las aves del cielo, otra la quemó el sol, y otra fue ahogada por las espinas?

Ha habido mucho énfasis en la autoridad de la Palabra de Dios sin prestarle mucha atención al estado del corazón que recibe la Palabra de Dios. Esto ha causado mucha frustración en personas que han querido recibir los beneficios y bendiciones de la Palabra de Dios sin querer cambiar el estado de su corazón. Se pasan días completos sembrando (oyendo la Palabra) y confesándola, pero no ven los resultados. La solución está en tratar con el estado del terreno, para que la semilla pueda producir aquello que ella es capaz de producir. El camino tiene que ser arado, las piedras tienen que ser sacadas y los espinos tienen que ser arrancados. Sólo así podremos recibir la cosecha de la Palabra en nuestra vidas.

Como ministros vamos a encontrarnos con esta problemática en las personas a las cuales le ministramos la Palabra. Nos daremos cuenta como la Palabra trabaja en algunas personas y no en otras. Si entendemos bien lo que acabamos de estudiar en el párrafo anterior, se nos hará

EL MINISTRO APROBADO

más fácil bregar con ellos. Esta es la razón por la cual el ministerio de la Palabra no puede ir separado del ministerio del Espíritu Santo. Es el Espíritu Santo quien trae convicción al hombre del estado de su corazón, y lo conduce al arrepentimiento y al cambio. Hagamos énfasis en sembrar la semilla, pero no dejemos de concientizar a nuestros oyentes de la importancia del estado de su corazón, para que la Palabra encuentre un buen terreno donde dé fruto a treinta, a sesenta y a ciento por uno.

D- Predica la Palabra.- Mar. 16:20, 2 Tim. 4:1-3

"Y ellos, saliendo, predicaron en todas partes, ayudándoles el Señor y confirmando la Palabra con las señales que la seguían". (Mar. 16:20)

"Te encarezco delante de Dios y del Señor Jesucristo, que juzgará a los vivos y a los muertos en su manifestación y en su reino, que prediques la Palabra, que instes a tiempo y fuera de tiempo, redarguye, reprende, exhorta con toda paciencia y doctrina. Porque vendrá tiempo cuando no sufrirán la sana doctrina, sino que teniendo comezón de oír, se amontonarán maestros conforme a sus propias concupiscencias". (2 Tim. 4:1-3)

Los que hemos sido llamados a un ministerio somos ministros de la Palabra por encima de todas las cosas. Nuestra primera responsabilidad es hacia la Palabra, y nunca debemos permitir que otras cosas nos alejen de ella. Hay muchas cosas que Satanás y la gente

Elementos del Éxito Ministerial

trae al ministro para separarlo de su primera responsabilidad, conocer y predicar la Palabra de vida. Por lo tanto, nunca bases tu ministerio en las emociones o en los énfasis de moda del momento, porque te aseguro que no vas a llegar muy lejos en tu vida ministerial. Dios no quiere que seamos estrellas erráticas que aparecen por un tiempo con un gran brillo y pronto desaparecen (Jud. 1:13). Si estudiamos las vidas de los apóstoles, descubriremos que su efectividad espiritual no menguó con el correr de lo años, sino que murieron en la cumbre de su ministerio. Un ministerio que es basado en la Palabra de Dios será como *la luz de la aurora que va en aumento hasta que el día es perfecto.*

Si tú eres llamado de Dios tienes una sagrada responsabilidad de predicar la Palabra tal y como está escrita. Ningún predicador tiene la autoridad de sustituir la Palabra de Dios por sus propias opiniones o prejuicios. Algún día se nos va a pedir cuenta de cómo administramos los misterios de Dios, los cuales se encuentran en la Palabra que Dios nos ha encomendado. Mantente fiel a la Palabra de Dios sin importarte los cambios o presiones que sientas a tu alrededor. Pablo sabiendo esto, le dijo a Timoteo que predicara a tiempo y a fuera de tiempo la pura Palabra de Dios, porque vendría un tiempo cuando muchos no querrían oír la Palabra de Dios, sino que irían tras maestros que le dirán lo que ellos quieren oír.

¿Quieres ser exaltado en tu ministerio? ¿Deseas que tu ministerio sea acompañado de señales y milagros? ¿Quieres provocar un cambio eterno en tus oyentes? ¿Buscas ser respetado en el infierno y reconocido en el cielo? Predica la Palabra con todo el consejo de Dios. Tus

EL MINISTRO APROBADO

oyentes necesitan oír de santidad, sanidad, prosperidad, responsabilidad, integridad y de todas las otras áreas que la Biblia menciona.

E- Siete Actividades de la Palabra- Pro. 4:20-21

"Hijo mío, está atento a mis palabras, inclina tu oído a mis razones. No se aparten de tus ojos, guárdalas en medio de tu corazón, porque son vida a los que las hallan, y medicina a todo su cuerpo".

1- Leerla- Proverbios 4:21. Lee la Biblia continuamente para que tengas un conocimiento global de sus doctrinas, promesas y principios.

2- Memorizarla- Proverbios 2:15. Memoriza la Biblia para que puedas echar mano de ella en momentos de dificultad y para que el Espíritu Santo tenga suficiente material para traerlo a tu mente cuando haga falta.

3- Estudiarla- 2 Timoteo 2:15. Estudia la Biblia usando los diferentes métodos. Estudia sus doctrinas por temas, estudia sus personajes, estudia sus preceptos, y estudia sus promesas, y esto lo debes hacer *línea sobre línea y precepto sobre precepto.*

4- Oírla- Romanos 10:17. La fe viene por el oír la Palabra. Oye la Palabra predicada, oye la Palabra en audios y oye música que esté inspirada y que tenga el contenido de la Palabra.

5- Meditarla- Josué 1:8. Meditar es reflexionar acerca de la Palabra. Incluye pensar diligentemente en la Palabra, y visualizarla en tu corazón.

Elementos del Éxito Ministerial

6- Confesarla- Josué 1:8. Es la confesión de la Palabra lo que fortalece tu fe y la escribe en la tablas de tu corazón. Cuando tú confiesas las promesas de la Biblia, es que tu fe se desata.

7- Practicarla- Santiago 1:22-25. Son los hacedores de la Palabra los que son bienaventurados. Pon en práctica lo que sabes de la Biblia, y entonces el Espíritu Santo te seguirá revelando más de ella.

*** Pensamiento ***

"Si no te gusta lo que cosechas, entonces vigila lo que siembras."

EL MINISTRO APROBADO

Elementos del Éxito Ministerial

LECCIÓN 13
PREVALECIENDO EN ORACIÓN

ESCRITURA: Mateo 26:41, Lucas 18:1

"Velad y orad, para que no entréis en tentación, el espíritu a la verdad está dispuesto, pero la carne es débil". (Mat. 26:41)

"También les refirió Jesús una parábola sobre la necesidad de orar siempre y no desmayar". (Luc. 18:1)

INTRODUCCIÓN: Toda empresa cristiana que quiera permanecer debe estar fundada en la oración. No podemos sustituir una vida de oración por estudio, psicología, filosofía u otras actividades de la carne. Toda obra espiritual nace en la oración y puede ser sostenida solamente por medio de esta actividad tan poco practicada por los que hoy ocupan los púlpitos de nuestras iglesias. Posiblemente esto explica la debilidad del mensajero moderno para confrontar a esta sociedad corrupta y materialista con las exigencias del cielo.

EL MINISTRO APROBADO

El ministerio es una obra espiritual que sólo puede ser hecha efectivamente con las armas del Espíritu. El Espíritu Santo es activado y movido a actuar por medio de la oración. Es en la oración donde mantenemos la comunión con el Espíritu Santo, la cual es tan esencial, tanto en la vida cristiana victoriosa como en el éxito ministerial. Todo candidato al ministerio debe establecer bien temprano en su lista de prioridades la oración en el primer lugar.

A- La Prioridad de Jesús- Lucas 3:21-22

"Aconteció que cuando todo el pueblo se bautizaba, también Jesús fue bautizado, y orando, el cielo se abrió, y descendió el Espíritu Santo sobre Él en forma corporal, como paloma, y vino una voz del cielo que decía: Tú eres mi Hijo amado, en ti tengo complacencia".

Jesús siendo el Hijo de Dios, era consciente de la necesidad de depender del Padre para todo lo que Él iba a hacer. En su primera presentación pública, después de haber sido bautizado, la Biblia relata que subiendo del agua Jesús oraba. Esto indica que Jesús entendía muy bien la importancia de la oración. En esta escritura descubrimos la relación estrecha entre la oración y la llenura del Espíritu Santo. Jesús fue lleno del Espíritu Santo en esta ocasión después de haber orado. Esto establece el principio, que el secreto para ser lleno del Espíritu es la oración.

Creo sin temor a equivocarme que parte de la oración de Jesús era para ser lleno del Espíritu Santo. Esto

Elementos del Éxito Ministerial

lo prueban sus propias palabras cuando El dijo: *"Pues si vosotros, siendo malos, sabéis dar buenas dádivas a vuestros hijos, ¿cuánto mas vuestro Padre celestial dará el Espíritu Santo a los que se lo pidan?"* (Luc. 11:13). Toda la vida de Jesús estaba organizada alrededor de la disciplina de la oración. Antes de escoger sus doce discípulos pasó una noche entera orando (Luc. 6:12). Jesús no osaba empezar su día de trabajo sin antes haber pasado tiempo con el Padre en oración. Marcos nos dice: *"Levantándose muy de mañana, siendo aun muy oscuro, salió y se fue a un lugar desierto y allí oraba"* (Mar. 1:35).

Es interesante observar que Jesús no permitió que la fama y el éxito de su ministerio lo alejaran de la práctica de la oración. Después de sus grandes campañas de señales y milagros, Él sentía la necesidad de retirarse al monte para orar. Lucas nos dice al respecto: *"Y después que los hubo despedido, se fue al monte a orar"* (Mar. 6:46). Fue en una de estas ocasiones que pudo ver en visión el peligro en el cual estaban sus discípulos y enseguida acudió a ayudarlos. ¡Qué importante es entonces para el ministro ser un imitador de su Maestro, si quiere tener los mismos resultados que Él tuvo!. Una de las palabras que han impactado mi vida fueron dichas por el predicador Larry Lea: *"Jesús empezaba su día orando, lo concluía orando, y en el medio hacía milagros"*

B- ¿Por qué Orar?- Juan 4:24, Marcos 11:24

Dios es Espíritu, y los que le adoran, en espíritu y verdad es necesario que adoren. (Juan 4:24)

EL MINISTRO APROBADO

"Por tanto os digo que todo lo que pediréis orando, creed que lo recibiréis y os vendrá" (Marcos 11:24)

Esta es una de las preguntas que más ha inquietado a los creyentes en todas las épocas. ¿Por qué Dios necesita que yo ore si El es el Todopoderoso? La primera razón por la cual Dios quiere que oremos, no es para que obtengamos algo de Él, sino para que estemos con El. Dios es una persona y como tal desea la comunión de sus hijos porque los ama. Ese amor debe ser cultivado, y una de las formas de hacerlo es por medio de la comunión que establecemos en la oración. Este es uno de los aspectos menos comprendidos sobre la oración. Es en esta comunicación personal que conocemos a Dios y nos conocemos a nosotros mismos. No veamos la oración como un mero deber, sino como un privilegio de tener una cita con el Rey del universo, quien a la misma vez es nuestro Padre.

Otra de las bendiciones de orar es el cambio que provoca en nosotros. Dios es un Dios santo y al nosotros entrar en contacto con El Señor por medio de la oración, dos cosas van a suceder. Al estar en su santa presencia, todo lo que es pecado en nosotros saldrá a relucir, y seremos obligados a hacer una de dos cosas: o cambiar, o dejar de orar. Si estamos dispuestos al cambio, descubriremos por medio de la oración que lo único que puede transformarnos es la presencia y la santidad de Dios. Nadie podrá pasar mucho tiempo en la presencia de un Dios santo sin sentir la influencia de su carácter. Esa es la razón que cada vez que una persona está en pecado, lo

Elementos del Éxito Ministerial

primero que hace es retirarse de la comunión y la búsqueda de Dios.

Los que estamos en el ministerio y lo tomamos en serio, pronto nos daremos cuenta de cuan incapacitados estamos para hacer la obra de Dios en la tierra en nuestras propias fuerzas. Es entonces, que descubrimos que necesitamos desesperadamente los recursos del cielo para poder enfrentarnos a los desafíos de la tierra y del infierno. No hay límites para la persona que sabe buscar el rostro de Dios. Cuando lo hacemos, el Espíritu Santo esta más que dispuesto a revelarnos todos los recursos que Dios tiene para que hagamos su obra. Es esta dependencia de Dios en oración lo que nos hará predicadores poderosos de la Palabra de Dios y nos llenará con el poder de lo alto para destruir las obras del diablo.

Y no olvidemos que la oración también es un medio para pedirle a Dios todas aquellas cosas que necesitamos, tanto en la vida espiritual como en la natural. Muchas veces no tenemos cosas porque no las pedimos, y si pedimos, pedimos con motivos equivocados. Jesús vino a revelarnos un Padre bueno que se deleita en darle a sus hijos todo lo que necesitan (Mat.7:7-11). En la vida del ministro habrá muchas necesidades de carácter físico y financiero, en las cuales debemos saber cómo ir al Padre con la fe y seguridad que Él nos las dará.

C- Orando en Todo Tiempo- Efe. 6:18, Col. 4:2, Fil. 4:6

Orando en todo tiempo con toda oración y súplica en el Espíritu, y velando en ella con toda perseverancia y súplica por todos los santos. (Efe. 6:18)

EL MINISTRO APROBADO

Perseverad en la oración, velando en ella con acción de gracias. (Col. 4:2).

Por nada estéis afanosos, sino sean conocidas vuestras peticiones delante de Dios en toda oración y ruego, con acción de gracias. (Fil. 4:6)

La oración no es una opción para el ministro, sino una obligación. No es que Dios nos obligue a orar, es que si verdaderamente queremos hacer la voluntad de Dios, nos vemos obligados a orar. Nuestro enemigo el diablo está activo las veinticuatro horas del día, y no podremos vencerlo a menos que nosotros estemos constantemente velando en oración. Especialmente los que estamos al frente de la batalla, tenemos que estar preparados en todo tiempo, para poder protegernos a nosotros mismos y proteger a otros. Es la comunión con Dios lo que mantiene nuestros sentidos agudizados, para que estemos alerta para poder estar firmes contra todas las acechanzas del diablo.

En el clásico capítulo de la batalla espiritual (Efesios 6) somos exhortados a ponernos la armadura de Dios, e inmediatamente nos dice cuál es el propósito. El propósito es que oremos en todo tiempo, tanto por nosotros como por todos los santos. Si Jesús sintió la necesidad de orar en todo tiempo de acuerdo a lo que vimos al principio de esta lección, ¿haremos nosotros menos? Los mismos peligros que Jesús enfrentó en su vida y en su ministerio, son los mismos que nosotros enfrentamos hoy en día y quizás en mayor escala porque estamos en los últimos días.

Elementos del Éxito Ministerial

Si queremos los cielos abiertos en todo tiempo, tenemos que orar en todo tiempo. Si no lo hacemos, estamos causando nuestra propia derrota y no podremos echarle la culpa a Satanás por ello. La Biblia está llena de exhortaciones a la perseverancia en la oración y a la búsqueda continua de Dios. No es un secreto que Dios desea bendecirnos, pero hay un diablo y unas huestes de demonios que se nos oponen a cada momento para que no seamos efectivos en el desarrollo de nuestro ministerio.

El secreto del poder de todos los hombres de Dios de la antigüedad y del presente, lo encontramos en una vida dedicada a la oración e intercesión. No pensemos que lo que hicieron lo lograron por alguna gracia o cualidad especial, eran hombres con pasiones semejantes a las nuestras. ¿Qué fue entonces lo que estableció la diferencia?, dejemos que la Palabra nos conteste esta pregunta: *"La oración eficaz del justo puede mucho"* (Stg. 5:16). Esta palabra *"eficaz"* significa *"que prevalece"*. Termino diciéndote algo de trascendental importancia: ***"Si tú no aprendes a prevalecer con Dios, nunca podrás prevalecer con los hombres y los demonios"***

*** Pensamiento ***

"El hombre que ora, con Dios se desahoga".

EL MINISTRO APROBADO

Elementos del Éxito Ministerial

LECCIÓN 14
SIN FE ES IMPOSIBLE

ESCRITURA: Hebreos 11:6,33,34, Marcos 11:22-24

> *"Pero sin fe es imposible agradar a Dios, porque es necesario que el que se acerca a Dios crea que le hay, y que es galardonador de los que le buscan".* (Heb. 11:6)
>
> *Porque de cierto os digo que cualquiera que dijere a este monte: Quítate y échate en el mar, y no dudare en su corazón, sino creyere que será hecho lo que dice, lo que diga le será hecho.* (Mar. 11:23)

INTRODUCCIÓN: La vida del Espíritu es una vida de fe. Si hay algo que una persona llamada por Dios debe entender bien temprano en su ministerio, es la realidad que sin una fe fuerte y constante, nunca podrá realizar aquellas cosas que Dios ha puesto en su corazón. Si Dios espera y requiere que todo creyente viva por fe, no hay forma de que El baje los requisitos cuando se trata de los ministros, que son responsables de guiar a su pueblo en la conquista de grandes cosas para Dios. El mismo Hijo de Dios no vivió

EL MINISTRO APROBADO

de otra forma que no fuera por fe en la Palabra y en la fidelidad de su Padre.

Si Jesús requería y esperaba fe de todos los que se acercaban a El para recibir un milagro, era porque El también vivía por esa misma fe. Su encuentro con Satanás en el monte de la tentación prueba lo que estoy diciendo. Cuando Jesús le respondió al diablo con la Palabra de Dios, El tenía la confianza y la seguridad de que esas palabras estaban impregnadas de la autoridad y el poder de Dios. Jesús era un hombre de fe y tú también debes serlo si quieres tener un ministerio semejante al suyo.

A- Fe Para Agradar a Dios- Hebreos 10:38

"Mas el justo vivirá por fe, y si retrocediere, no agradará a mi alma".

Antes que agradarnos a nosotros o agradar a otras personas, lo más importante en el ministerio es agradar a Dios. No hay palabras más emocionantes para un hijo, que oír que el padre le dice: *"Tú eres mi hijo amado, en ti tengo complacencia"* (Luc. 3:22). Dios se complace o se agrada con sus hijos que caminan en fe. ¿Por qué la fe agrada a Dios?, porque por medio de ella reconocemos el poder de Dios y le indicamos nuestra dependencia de El para todas nuestras necesidades naturales y espirituales. En Hebreos 11:6 dice: *"Pero sin fe es imposible agradar a Dios, porque es necesario que el que se acerca a Dios crea que le hay y que es galardonador de los que le buscan".*

Fe no es una fórmula mágica para controlar a Dios, ni es una doctrina de afirmación mental. La fe es una realidad espiritual que depende enteramente de nuestra relación y comunión con Dios. Fe crece en la atmósfera de

Elementos del Éxito Ministerial

la búsqueda de Dios, y es fortalecida por medio de la comunión diaria con El por medio de la Palabra y el Espíritu Santo. El verso anterior habla de un acercamiento a Dios, donde estamos convencidos de su existencia como el Gran Yo Soy.

Es por medio de esa revelación que entonces podemos saber sin ninguna sombra de dudas que El será el que nos dará todas las cosas que necesitemos. No perdamos la perspectiva de que todo esto acontece cuando le buscamos con diligencia. Es en si esta búsqueda y dependencia lo que agrada a Dios, y hace que El haga por nosotros mucho más abundantemente de lo que pedimos o entendemos (Efe. 3:20).

B- Fe Fundada en el Carácter de Dios y en la Integridad de su Palabra. - Num. 23:19

"Dios no es hombre, para que mienta. ni hijo de hombre, para que se arrepienta. El dijo, ¿y no hará? Habló, ¿y no lo ejecutará?"

En la comunión con Dios, el Espíritu Santo es quien nos revela el verdadero carácter de Dios. Nadie conoce a Dios como el Espíritu Santo porque la Biblia dice: *"Así tampoco nadie conoció las cosas de Dios, sino el Espíritu de Dios"* (1 Cor. 2:11). Es posible que sepamos toda la Biblia de memoria y aun así no estar recibiendo de Dios todas las cosas que por ser hijos de Dios nos pertenecen. Es cuando conocemos a Dios como un Padre bueno que se compadece de sus hijos, que poseemos una fe poderosa con la cual podemos llegar al trono de la gracia con confianza. ¿Te das cuenta ahora de la importancia de conocer a Dios antes de desarrollar una fe efectiva? Fe

EL MINISTRO APROBADO

crece en una atmósfera de revelación y en la presencia de Dios. Mientras más y mejor conoces a Dios, más creces en fe. El ignorar estos principios es lo que ha causado que mucha gente que creen que tienen fe, vivan en presunción espiritual y en una fantasía.

Con lo que acabo de decir no estoy subestimando de ninguna manera la estrecha relación que existe entre la Palabra de Dios y la fe. La Biblia dice sin lugar a dudas que *la fe viene por la Palabra de Dios.* En esta escritura de Rom. 10:17 el término **"palabra"** en el original griego es **"rhema"** no es **"logos"**. **Rhema** es la Palabra viviente de Dios que nos ha sido revelada por el Espíritu Santo. **Logos** es la Palabra escrita de Dios. Cuando tratamos de recibir fe por medio del logos, no estamos haciendo otra cosa que no sea gimnasia mental o pensamiento positivista. Esto no es fe, porque no nos conecta con Dios. La Palabra revelada por el Espíritu Santo es la que produce fe que proviene de una conexión directa con el dador y perfeccionador de la fe. Esta **"rhema"** resuelve nuestros problemas de duda e incredulidad, porque nos hace saber que lo que Dios ha dicho en su Palabra es integro, infalible y confiable. Entonces es que podemos decir: ***"Yo sé porque sé, porque sé."***

C- Para no Naufragar en el Ministerio- 1 Tim. 1:18,19

> *"Este mandamiento, hijo Timoteo, te encargo, para que conforme a las profecías que se hicieron antes en cuanto a ti, milites por ellas la buena milicia, manteniendo la fe y buena conducta, desechando la cual naufragaron en cuanto a la fe algunos".*

Elementos del Éxito Ministerial

Es una tragedia y una vergüenza para el evangelio la gran cantidad de ministros que naufragan diariamente en el ministerio. Esto nunca fue el diseño de Dios, que personas que comenzaron el ministerio llenos de energía y entusiasmo, pierdan con el tiempo toda motivación por la obra de Dios, y terminen siendo destruidos por el diablo. Podemos comparar el ministerio con una travesía en alta mar, donde los que dirigimos somos los capitanes de la embarcación. Nunca olvidemos que nuestros errores y fracasos no sólo nos afectan a nosotros, sino que podemos ser la causa de la destrucción espiritual de muchas personas que navegan con nosotros. Siempre he dicho que cualquiera es un buen piloto de una embarcación cuando el mar está calmado y no hay tempestad. Se conoce la destreza y habilidad de un capitán para mantener la nave en el curso correcto, cuando soplan vientos contrarios que quieren hacernos naufragar juntamente con los que nos siguen.

Es en estas circunstancias donde es sumamente importante tener la fe de Dios, la cual siempre nos dará la victoria. Quisiera poder decirte que siempre el ministerio será una travesía de placer donde todas las cosas nos salen como queremos, pero no es así. Es un gran engaño creer que porque estamos en la perfecta voluntad de Dios, nunca tendremos problemas y contradicciones. Llegan momentos que seremos tentados en cada área de nuestra existencia, y aun momentos que aparentemente Dios se ha ido de vacaciones y nos ha olvidado. Es en esos momentos cuando necesitamos ser gente con una fe terca y atrevida en Dios y su Palabra. Independientemente de los sentimientos y estados de ánimo, tenemos que estimularnos nosotros mismos y empujarnos para cumplir

EL MINISTRO APROBADO

el ministerio y la tarea que el Capitán de nuestra salvación nos ha encomendado.

No es un secreto que Satanás quiere que tu barco naufrague, pero no olvides que Jesús está en el barco contigo aunque no lo oigas, veas o sientas. Al fin de cuentas somos tú y yo los que causamos el naufragio de nuestro ministerio, si no mantenemos la mirada puesta en Jesús, e ignoramos su Palabra. Aprende a vivir por lo que la Palabra dice, y no por lo que tus sentidos te digan. Sólo así podrás conducir la nave de tu ministerio a puerto seguro, y tanto tú como los que están contigo estarán seguros.

D- Pelea la Buena Batalla de La Fe- 1 Tim. 6:11

> *"Pelea la buena batalla de la fe, echa mano de la vida eterna, a la cual asimismo fuiste llamado, habiendo hecho la buena profesión* (confesión) *delante de muchos testigos".*

La vida de todo creyente es un conflicto espiritual diario en contra de las fuerzas del enemigo que quieren destruir y neutralizar la efectividad de los hijos de Dios. Es más serio el asunto cuando se trata de los ministros del evangelio, porque son ellos los que dirigen esta guerra espiritual en contra de Satanás y sus demonios. Nadie que no esté dispuesto a una vida militante debe involucrarse en el ministerio. Es muy peligroso tratar de mantener un ministerio sin tener una mentalidad de ofensiva espiritual. Esto equivale a suicidio espiritual.

Estamos hablando de una guerra espiritual que sólo la podemos pelear y ganar usando las armas del espíritu. Como es una guerra invisible, la única forma de

Elementos del Éxito Ministerial

pelearla es por fe. Por fe nos vestimos toda la armadura de Dios, por fe entramos en combate espiritual, y por fe declaramos la victoria en cada encuentro con el enemigo. No podemos permitir que las apariencias nos engañen y creamos que ya no tenemos que continuar peleando porque hemos alcanzado una posición de ventaja sobre el enemigo. No sólo peleamos para obtener lo que es nuestro, sino que seguimos en alerta por medio de la fe para mantenerlo, y desde esa posición alcanzar nuevas conquistas. En otras palabras amigo, que es una batalla que nunca termina aquí en la tierra. Mientras hay vida, hay que pelear continuamente la buena batalla de la fe echando mano de la vida eterna.

E- Viviendo Absolutamente por Fe- Heb. 10:35-39, Heb. 13:7

Pero nosotros no somos de los que retroceden para perdición, sino de los que tienen fe para preservación del alma. (Heb. 10:39)

Acordaos de vuestros pastores, que os hablaron la Palabra de Dios, considerad cuál haya sido el resultado de su conducta, e ***imitad su fe.*** (Heb. 13:7)

Nosotros los ministros, más que ningún otro grupo de personas, debemos tener un estilo de vida de fe que pueda servir de inspiración a los que nos siguen. Fe no puede ser solamente una teoría que predicamos en momentos de excitación espiritual, tiene que ser la forma cómo respondemos a todo reto y circunstancia que Satanás nos ponga en nuestro paso. Hebreos 13:7 nos dice

EL MINISTRO APROBADO

que debemos ser líderes que podamos ser imitados por otros al ver nuestra conducta y nuestra fe. No solamente la fe es importante para agradar a Dios y para suplir nuestras necesidades, por medio de la práctica de nuestra fe inspiramos a otros a vivir también por fe.

Dios es glorificado ante los hombres, cuando podemos depender de El para ser la fuente de nuestro ministerio. Un error prevaleciente en muchos ministros es depender de los hombres para sus necesidades, y por eso siempre son esclavos de ellos. Un verdadero hombre de fe no tiene que andar haciendo trampas ni usando astucias para manipular la gente para obtener su provisión. Si verdaderamente estás dependiendo de Dios, no tienes que usar estrategias de la carne para obtener los recursos necesarios para cumplir tu ministerio.

Para poder desarrollar la visión grande que Dios da, hace falta fe. Es mi creencia y mi experiencia que aquel a quien el Señor llama, también lo sostiene. Cuando Dios me llamó al ministerio yo hice un contrato con Dios, yo le sería fiel, pero Él supliría todas las necesidades para mí y para el ministerio al cual Él me estaba llamando. Veinticinco años más tarde tengo que testificar que Dios nunca ha fallado en esto. Sólo por medio de la fe en Él hemos edificado un ministerio que está alcanzado a las naciones, hemos comprado y remodelado tres templos, hemos ayudado a otros ministros e iglesias en otros países a establecerse, y tenemos un programa de televisión que cubre toda la América Latina. Todo esto, sin nunca depender del brazo de carne, sino dependiendo de la fidelidad de Dios y de la integridad de su Palabra. Creo que si hasta aquí la fe nos ha funcionado, no hay razón

Elementos del Éxito Ministerial

para cambiar de método. Creo de todo corazón lo que la Biblia dice: *"De ninguna manera, antes bien sea Dios veraz, y todo hombre mentiroso"* (Rom. 3:4)

*** Pensamiento Bíblico ***

"Porque todo lo que es nacido de Dios vence al mundo, y esta es la victoria que ha vencido al mundo, nuestra fe." (1 Juan 5:4)

EL MINISTRO APROBADO

Elementos del Éxito Ministerial

LECCIÓN 15
EL AYUNO QUE ROMPE YUGOS

ESCRITURA: Isaías 58: 1-14

¿No es mas bien el ayuno que yo escogí, desatar las ligaduras de impiedad, soltar las cargas de opresión, y dejar ir libres a los quebrantados, y que rompáis todo yugo. (Isa. 58:6)

INTRODUCCIÓN: Todo ministro del evangelio va a encontrarse con situaciones, las cuales no se pueden resolver sólo con oración. Por más fervor y pasión que tengamos en la oración, muchas veces nos damos cuenta que no estamos rompiendo ciertas barreras espirituales que se oponen al progreso de la obra de Dios. El ayuno es una herramienta bíblica, la cual está a la disposición de todo creyente que está envuelto de una forma u otra en la guerra espiritual contra las tinieblas. Hoy en día a pesar de la fe que hemos aprendido y la revelación que tengamos de la Palabra, hay una gran necesidad de volver a está disciplina que ha sido practicada a través de la Biblia y de las edades por hombres y mujeres que querían conseguir

EL MINISTRO APROBADO

algo especial de Dios para sus vidas y para sus contemporáneos. ¿Haremos nosotros menos que ellos?

A- Una Ordenanza y Práctica Bíblica- Mar. 9:29

Y les dijo: Este género con nada puede salir, sino con oración y ayuno.

El ayuno no es una opción en la vida cristiana, como tampoco lo es la oración. Jesucristo fue muy claro y enfático en este aspecto. En dos ocasiones El afirmó la importancia del ayuno en la vida del creyente. En el famoso Sermón del Monte El dijo: *"Cuando ayunéis, no seáis austeros, como los hipócritas"*(Mat. 6:16), dando a entender que debe ser una actividad normal para el creyente. Cuando los discípulos de Juan le preguntaron ¿por qué sus discípulos no ayunaban?, Jesús le contesto que mientras El estuviera con ellos no tenían que ayunar. Después de Jesús decir esto añadió: *"Pero vendrán días cuando el esposo les será quitado, y entonces ayunarán"* (Mat. 9:14-15).

Jesús mismo nos dio el ejemplo de lo esencial que es el ayuno. Inmediatamente después de ser bautizado en agua y ser lleno del Espíritu Santo, pasó 40 días ayunando sólo en el monte. Fue durante este período de tiempo que El desarrolló una comunión más íntima con el Padre, y desarrolló carácter espiritual al enfrentarse al diablo cara a cara. El resultado de este ayuno lo notamos bien claro en las palabras que usa Lucas para describir cómo Jesús descendió del Monte de la Tentación: *"Y Jesús volvió en el poder del Espíritu a Galilea, y se difundió su fama por toda la tierra de alrededor"* (Luc.4:14).

Elementos del Éxito Ministerial

En una forma u otra, el poder siempre está relacionado con ayuno y oración. En una ocasión que los discípulos le preguntaron por qué ellos no pudieron echar fuera el demonio a un niño, Jesús les replico: *"Este género con nada puede salir, sino con oración y ayuno"* (Mar. 9:29). Es muy posible que los 120 estaban ayunando en el Aposento Alto antes de recibir el poder del Espíritu Santo. No olvidemos que ésta es una de las condiciones que habló Joel antes de mencionar el derramamiento del Espíritu Santo. (Joel 2:12).

A través de toda la Biblia encontramos a todos los hombres de Dios recurriendo al ayuno cuando se encontraron en situaciones donde necesitaban la intervención divina. Moisés ayunó 40 días unas cuantas veces intercediendo a Dios por la rebelión y desobediencia del pueblo. Nehemías ayunó para que Dios le diera favor antes de hablar con el rey sobre el estado de la ciudad de Jerusalén (Neh. 1:1-4). Esdras ayunó cuando fue amenazado por los enemigos que se oponían tenazmente a la reconstrucción de la Ciudad (Esd. 8:21). Ester ayunó por tres días para la liberación y protección de su gente, y Dios intervino a su favor (Cap. 4:16). Daniel buscó a Dios con oración y ayuno cuando leyó en la profecía de Jeremías que el tiempo de la cautividad estaba por cumplirse (Dan. 9:1-3). Pablo era un fervoroso practicante de esta disciplina de acuerdo a su testimonio personal (2 Cor. 11:27).

B- Propósitos Equivocados al Ayunar- Isa. 58:3,4

"¿Por qué, dicen, ayunamos, y no hiciste caso, humillamos nuestras almas, y no te diste por entendido? He aquí que en el día

EL MINISTRO APROBADO

*de vuestro ayuno buscáis vuestro propio gusto, y oprimís a vuestros trabajadores. He aquí que para contiendas y debates ayunáis y para herir con el puño iniuamente, no ayunéis como hoy, **para que vuestra voz sea oída en lo alto**".*

Hay muchas ideas equivocadas y fantásticas sobre el ayuno, las cuales han causado que muchos creyentes sinceros se hayan apartado de esta gran bendición. Toda doctrina bíblica puede ser llevada a un extremo, lo cual no debe ser excusa para dejar de practicarla. Las cosas bíblicas no funcionan por partes, sino practicando todo lo que las Escrituras enseñan.

Hay un error prevaleciente que por medio del ayuno podemos cambiar a Dios o cambiar su opinión sobre cosas que El mismo ha establecido en la Biblia. Nunca el ayuno y la oración pueden convertirse en substitutos de la obediencia a Dios. La fe no viene por el ayunar, sino por el oír la Palabra de Dios. Por eso es tan importante que cuando una persona ayuna, dedique tiempo considerable a la lectura de la Biblia.

Nunca entres en un ayuno buscando una experiencia sensorial. Eso no descuenta la gran probabilidad que hay de que Dios te dé una visión o un sueño significativo mientras estás separado con Dios en ayuno. Pero no midas la efectividad de tu ayuno por la experiencia que tuviste o no tuviste. Los que ayunamos estamos bien conscientes que el ayuno castiga la carne, pero ese no debe ser el propósito principal del mismo. La Biblia nos dice que todo lo que hagamos, lo hagamos principalmente para la gloria de Dios. *Y todo lo que hagáis,*

Elementos del Éxito Ministerial

hacedlo de corazón, como para el Señor y no para los hombres. (Col. 3:23)

C- Los Propósitos del Ayuno

1- Nos hace sensitivos a Dios.- Aunque la fe no viene por el ayuno, cuando ayunamos nuestro espíritu se sensibiliza para oír la voz de Dios y responder a la misma con mansedumbre. Por eso es más fácil operar en fe después de un ayuno. Durante este tiempo descubrimos un sinnúmero de cosas en nosotros que han cerrado el canal de comunicación entre Dios y nosotros. El resultado no es que Dios ha cambiado, sino que el hombre está ahora en un lugar espiritual donde Dios puede tratar con él.

2- Comunión especial con Dios- La autoridad espiritual de un ministro dependerá en gran medida de la comunión que tenga con Dios. La comunión íntima de Jehová es con los que le temen y a ellos hará conocer su pacto. Al separarnos de la comida, el sexo y las distracciones del mundo que nos rodea, podemos concentrarnos o poner la mira en las cosas de arriba donde está Cristo sentado a la diestra de Dios. Al acercarnos a Dios, El se acercará a nosotros.

3- Revelación de la Palabra de Dios- Durante el tiempo de ayuno no tenemos la mente cargada con las cosas de este mundo. Por esta razón al Espíritu Santo se le hace mucho más fácil abrirnos las Escrituras en una nueva forma. Es muy posible que textos que estaban oscuros, de repente recibamos revelación fresca y podamos entender los misterios de Dios. No es en sí el ayuno lo que hace esto,

EL MINISTRO APROBADO

sino la separación que tenemos hacia Dios por medio del ayuno.

4- Para fortalecer el hombre interior.- El espíritu sostiene al cuerpo, no el cuerpo al espíritu. Cuando el cuerpo descansa al no comer, el espíritu también usa ese tiempo para fortalecerse y ganar nuevas energías (Pro. 4:23). Eso además de la Palabra y la oración fortalece nuestro espíritu, de forma que éste tome control y preeminencia sobre los apetitos carnales del hombre.

5- Para entrar en el mundo espiritual.- Sólo con un espíritu fuerte podemos romper la barrera y entrar al mundo espiritual por medio de la intercesión. Es así como logramos descubrir cuales son las fuerzas demoníacas que se oponen y resisten a nuestro avance espiritual, y podemos pelear contra ellas. Cuando ayunamos nos hacemos bien conscientes de dos fuerzas espirituales muy poderosas, los demonios y los ángeles (Mat. 4:11). Eso explica por qué personas que ayunan con frecuencia son muy dados a funcionar en el ministerio de liberación. Por esta razón Jesús les dijo a los discípulos que hay ciertos géneros de demonios que no salen, si no es con oración y ayuno.

6- Para recibir una nueva investidura de poder.- Algo sucede durante períodos prolongados de ayuno que nos capacita para ser instrumentos cedidos para manifestar el poder de Dios. Pablo nos dijo en 2 Tim. 2:21, que antes de poder ser vasos de honra tenemos que limpiarnos de muchas cosas que impiden la llenura del Espíritu Santo. El período de ayuno es un período de limpieza y auto-negación, cuando ponemos la carne en el lugar que se merece, bajo el total y absoluto dominio del

Elementos del Éxito Ministerial

espíritu. Esto explica porque aun Jesús cuando regresó de ayunar cuarenta días la Biblia dice que *volvió en el poder del Espíritu* (Luc. 4:14). Cada vez que sientas como que has perdido efectividad espiritual, y como que sientes un vacío de poder, entrégate al ayuno, y saldrás también de ese tiempo de búsqueda en el poder del Espíritu Santo.

7- Para recibir dirección espiritual para decisiones importantes.- Es más fácil oír la voz de Dios cuando no estamos oyendo la voz de la gente, la voz de la televisión, y la voz de la opinión pública. Nos evitaríamos muchos desastres y evitaríamos un sinnúmero de disparates, si antes de emprender ciertas empresas que afectan al reino de Dios, nos separáramos en ayuno a un lugar apartado para oír la voz de Dios. Este fue el éxito de Nehemías, que no fue a ver al rey hasta tanto no haber pasado un tiempo de comunión y reflexión en ayuno y oración (Neh. 1:4). Los ministros tenemos que hacer muchas decisiones de peso y debemos estar completamente seguros que lo que estamos haciendo es creación de Dios, y no un nuevo invento de nuestra mente humana.

D- Rompiendo Yugos de Esclavitud.

Hay yugos de opresión en la humanidad que los mantiene esclavos a Satanás y a sus demonios. Estamos tratando con realidades espirituales, no mentales. Solamente entrando en ese mundo espiritual, nos podemos dar cuenta de cuan atada está la humanidad, aun por cosas que se ven tan inocentes como es la comida y las relaciones familiares. Por experiencia propia, el primer beneficiado del ayuno en este respecto, es la persona que lo hace. La primera esclavitud que rompemos es la esclavitud al horario regular de comidas que tiene la

EL MINISTRO APROBADO

humanidad. Nadie sabe lo atado que está hasta que se dedica a ayunar aunque sea un día. Otras ataduras son rotas cuando ayunamos, ataduras a vicios, a hábitos que parecen lícitos, y ataduras a los apetitos de la carne.

Es entonces cuando estamos listos para venir en el poder del Espíritu Santo, y ser los instrumentos de Dios para liberar a otros de las ataduras del diablo. He notado como es más fácil fluir en la unción del Espíritu después de ayunar. Es interesante notar que Jesús habló de esta unción que pudre el yugo inmediatamente después de salir de un ayuno. Son muchos los yugos que pueden ser destruidos cuando nos damos a la búsqueda del rostro de Dios, y echamos a un lado el egoísmo personal y ponemos en primer lugar la salvación, liberación y sanidad de otras personas.

Todos los hombres que han sido usados por Dios en un ministerio poderoso en señales y milagros, han sido hombres que reconocieron la importancia del ayuno para captar la atención de Dios, arrestar a Satanás, y bendecir la humanidad. ¿Estás dispuesto a pagar el precio de la negación propia para ser usado por Dios y destruir las obras del Diablo? Dios y una humanidad perdida cuentan contigo.

E- Consejos Prácticos Sobre el Ayuno

1- Todo creyente debe ayunar por lo menos una vez a la semana.

2- Para romper ciertas barreras por lo menos se requiere tres días de ayuno.

Elementos del Éxito Ministerial

3- Después de tres días es indispensablemente necesario consumir mucha agua durante el ayuno.

4- Los dolores en las rodillas y en la cabeza son señales que el cuerpo está siendo limpiado.

5- En siete días el cuerpo se limpia completamente de todas las toxinas. Es cuando se empieza a apreciar los efectos físicos del ayuno.

6- Para un ayuno extremadamente largo debes buscar la dirección del Espíritu Santo.

7- Es muy importante romper el ayuno en la forma apropiada, para no perder los beneficios del mismo. Se requiere la misma cantidad de días del ayuno para poder volver a tus hábitos normales de comida. En algunos casos sería muy saludable que nunca regresaras a tus hábitos normales de comida. ¡Ja! ¡Ja! ¡Ja!

*** Pensamiento Bíblico ***

"Porque por ahí andan muchos, de los cuales os dije muchas veces, y aun ahora lo digo llorando, que son enemigos de la cruz de Cristo, el fin de los cuales será perdición, cuyo dios es el vientre, y cuya gloria es su vergüenza, que sólo piensan en lo terrenal." (Filipenses 3:18-19)

CAPÍTULO 4

HACIENDO EL MINISTERIO DE JESÚS

Los que somos llamados por Dios a su obra, no somos llamados para tratar de inventar una forma nueva de ministrar. La gloria del llamado del ministro está en repetir en la tierra las mismas obras que hizo Jesús.

Lección 16: Un Hombre Enviado con un Propósito

Lección 17: En el Poder del Espíritu Santo

Lección 18: Haciendo Discípulos

Lección 19: Predicando con Poder

Lección 20: Predicando el Reino de Dios

EL MINISTRO APROBADO

Haciendo el Ministerio de Jesús

LECCIÓN 16
UN HOMBRE ENVIADO CON UN PROPÓSITO

ESCRITURA: Juan 3:30-34

"Es necesario que Él crezca, pero que yo mengue. El que de arriba viene, es sobre todos, el que es de la tierra, es terrenal, y cosas terrenales habla, el que viene del cielo, es sobre todos. Y lo que vio y oyó, esto testifica, y nadie recibe su testimonio. El que recibe su testimonio, éste atestigua que Dios es veraz. Porque el que Dios envió, las palabras de Dios habla, pues Dios no da el Espíritu por medida".

INTRODUCCIÓN: El ministerio de Jesús debe ser la única regla por la cual midamos la efectividad y el éxito de nuestro ministerio. El ministerio de cada persona que es llamada no debe ser diferente en funcionamiento y poder al ministerio de Jesús. Miremos nuestro ministerio como una continuidad del ministerio de Jesús y tendremos los

EL MINISTRO APROBADO

mismos resultados que Él tuvo aquí en la tierra. Trágicamente hoy en día vemos como tantas personas ven el ministerio como una profesión, o como ser un líder de una institución u organización. A esto le podemos llamar un ministerio secular que no es diferente a ninguna otra actividad de este mundo.

El verdadero ministerio es algo especial, santo y sobrenatural. No es dado por los hombres, y necesariamente no va a ser reconocido por los hombres. Una de las razones es que muchas veces Dios llama lo que la sociedad considera necio o ignorante. Lo glorioso es que cualquiera que es verdaderamente llamado por Dios, puede tener un ministerio como el de Jesús.

A- Jesús Sabía a Qué Había Venido- Juan 4:34

Jesús le dijo: Mi comida es que haga la voluntad del que me envió, y que acabe su obra.

Si leemos cuidadosamente el Evangelio de Juan, nos daremos cuenta como Jesús vivía concientizado de quién era, qué poder tenía, y a qué había venido. Fue este conocimiento lo que lo mantuvo siempre con un sentido de dirección y propósito en el desarrollo de su ministerio. Por eso Jesús nunca permitió que nada ni nadie lo distrajera de la divina misión a la cual había venido a esta tierra. Todos sus movimientos y actividades estaban controlados por esta realidad. En la misma forma nosotros, si queremos ejercer un ministerio efectivo y poderoso, tenemos que establecer bien temprano cuáles son las prioridades de nuestra vida. Un hombre es movido y controlado por sus prioridades.

Haciendo el Ministerio de Jesús

Desde muy temprano en su vida Jesús sabía sin lugar a dudas a qué había venido. La primera indicación de esto la tenemos cuando era aun muy niño. En el conocido incidente de su visita al templo a los 12 años, todos sabemos cual fue la respuesta que Él le dio a su madre cuando ella trató de reprocharle su aparente acto de irresponsabilidad por haberse quedado solo en el templo. Sus palabras manifestaban que ya Él sabía por qué había venido: "*¿No sabías que en los negocios de mi Padre me es necesario estar?*" (Luc. 2:49). En esta forma Jesús dio a entender su conocimiento de su propósito. Él había nacido para moverse en los negocios de su Padre. Vemos a Jesús reaccionando en la misma forma, cada vez que algo o alguien quería alterar el curso de su vida y ministerio, fuera con su familia, con sus discípulos, con los líderes religiosos, o con el mismo Satanás.

B- A Hacer la Voluntad de su Padre- Jn. 6:38, Jn. 8:28,29

"Porque he descendido del cielo, no para hacer mi voluntad, sino la voluntad del que me envió". (Jn. 6:38).

"Les dijo, pues, Jesús: Cuando hayáis levantado al Hijo del Hombre, entonces conoceréis que yo soy, y que nada hago por mí mismo, sino que según me enseñó el Padre, así habló. Porque el que me envió, conmigo está, no me ha dejado solo el Padre, porque yo hago siempre lo que le agrada". (Jn. 8:28,29)

Si hay algo que caracterizó el ministerio de Jesús, fue la obediencia absoluta a su Padre. Es maravilloso ver,

EL MINISTRO APROBADO

como Él nunca se desvió ni a la izquierda ni a la derecha en este asunto de la obediencia. Fue esta obediencia al 100 % lo que hizo que Jesús fluyera en una autoridad y poder al 100 %. Cada uno de nosotros que queremos una vida de poder como la de Jesús, no podemos olvidar que Dios no hará una excepción con nosotros, la cual no hizo con Jesús. Si Jesús tuvo que someter su programa y su agenda al criterio de su Padre, nosotros no podemos hacer menos. Uno de los problemas hoy en día con los hombres que Dios llama, es que intentan ejercer el ministerio siguiendo sus propias ideas y planes. Lo más triste es que después esperamos que Dios apruebe y bendiga lo que Él nunca inició.

Jesús siendo igual a Dios, no usó eso como un pretexto para no someterse, sino por el contrario, la Biblia dice: *"El cual siendo en forma de Dios, no estimó el ser igual a Dios como cosa a que aferrarse, sino que se despojó a sí mismo, tomando forma de siervo, hecho semejante a los hombres"*(Fil. 2:6-7). Es un misterio para mí, como alguien que es el Dios eterno pueda decir palabras como: *"No puede el Hijo hacer nada por sí mismo..."*(Jn. 5:19). Esta y otras declaraciones que Jesús hizo nos demuestran que para Jesús la prioridad era hacer la voluntad de Dios en todos los aspectos. Esto tenía que ser así, porque Él venía a salvar una humanidad que está en rebelión contra Dios por la desobediencia del primer hombre. La única forma de ministrarle a esta humanidad, es por medio de una obediencia absoluta.

Haciendo el Ministerio de Jesús

C- A Manifestar el Carácter del Padre- Jn. 1:18, Jn. 14:9,10

A Dios nadie le vio jamás, el unigénito Hijo, que está en el seno del Padre, El le ha dado a conocer.(Jn. 1:18)

Jesús le dijo: ¿Tanto tiempo hace que estoy con vosotros, y no me has conocido, Felipe? El que me ha visto a mí, ha visto al Padre, ¿cómo, pues, dices tú?: Muéstranos al Padre. ¿No crees que yo soy en el Padre, y el Padre en mí? Las palabras que yo os hablo, no las hablo por mi propia cuenta, sino que el Padre que mora en mí, El hace las obras. (Jn. 14:9,10)

Jesús es la revelación en carne de lo que es el Padre. Hasta que Jesús vino a la tierra, nadie había conocido verdaderamente a Dios en su esencia y en su carácter. Uno de los conceptos nuevos que Jesús trajo fue el de la paternidad de Dios. A diferencia de un Dios alejado de la experiencia y problemática humana, Jesús nos revela un Padre bueno que se interesa aun por las cosas más insignificantes de nuestra vida. Fueron estas manifestaciones de Jesús sobre su relación con el Padre las que le ocasionaron el odio y la persecución de los líderes religiosos de su tiempo.

Toda persona que quiera ministrar con la efectividad que Jesús lo hizo, tiene que conocer el verdadero carácter de Dios para poder después manifestarlo a la humanidad. Sólo conociendo el carácter de Dios, es que lograremos acercar al hombre a Dios. Nosotros al igual que Jesús estamos tratando con un

EL MINISTRO APROBADO

mundo repleto de religión, legalismos y mandamientos de hombres. Esta situación es resultado de no conocer el carácter de Dios, como un Dios de amor, gracia y compasión. No te extrañe que al tú tratar de manifestar el verdadero carácter de Dios, te busques la hostilidad de los sistemas religiosos que quieren mantener a los hombres en esclavitud para su propia ventaja.

Esto va a conllevar que ese carácter de Dios primero se forme en nosotros, porque el único Dios que la gente va a ver, es el Dios que nosotros revelemos por medio de nuestra vida, palabras y acciones. Es una tremenda responsabilidad la que cae sobre los hombros de los que somos llamados al ministerio de Jesús. No olvides que como Él era en el mundo entonces, así somos nosotros ahora.

D- A Destruir las Obras del Diablo- 1 Jn. 3:8, Luc. 9:1

"El que practica el pecado es del diablo, porque el diablo peca desde el principio. Para esto apareció el Hijo de Dios, para deshacer las obras del diablo". (1 Jn. 3:8)

"Habiendo reunido a sus doce discípulos, les dio poder y autoridad sobre todos los demonios, y para sanar enfermedades". (Luc. 9:1)

Desde antes de Jesús abandonar el cielo, Él sabía muy bien que venía a esta tierra a confrontar cara a cara al enemigo principal de Dios y de la raza humana. Jesús sabía que la condición de la humanidad en gran medida era causada por la operación de un ex-empleado del cielo,

Haciendo el Ministerio de Jesús

quien había tenido el atrevimiento y la osadía de desafiar a su propio Creador.

Al Jesús venir a la tierra, Él era muy consciente que todo el tiempo que Él pasara en la tierra, sería un tiempo de conflicto y enfrentamiento con el diablo. Esta fue la razón por la cual Jesucristo nunca estuvo a la defensiva en su relación con Satanás, sino a la ofensiva. Todo su ministerio se caracterizó por su obra de destrucción de las obras del diablo. Esto no era una actividad extra o una opción en el ministerio de Jesús, era parte esencial de su actividad espiritual. Donde quiera que Jesús llegó, confrontó a Satanás, y destruyó sus obras sin misericordia.

Imitemos a Jesús, que nunca permitió que la opinión pública o la persecución del mismo diablo lo desviara del propósito de venir en contra de sus obras con el poder del Espíritu Santo. No sólo Jesús hizo esto, sino que se encargó de entrenar a sus discípulos para hacer lo mismo. No fue nunca el propósito de Jesús, que personas se llamaran ministros, sin tener el poder y la autoridad para liberar a la humanidad de la opresión demoníaca y la enfermedad.

Si tú eres llamado al ministerio, prepárate para vivir una vida de conflicto y de militancia destruyendo las obras del diablo donde quiera que las encuentres. Tú también eres hijo de Dios y con ese propósito Dios te envía a esta tierra. ¿Lo estás haciendo, o sólo te conformas con un ministerio mediocre que no agrada a Dios, no ayuda la humanidad, y no asusta al diablo?

EL MINISTRO APROBADO

E- A Dar su Vida por la Humanidad- Juan.10:11

Yo soy el buen pastor, el buen pastor su vida da por las ovejas. (Jn. 10:11)

Jesús nunca perdió de vista la realidad, que algún día El tendría que entregar su propia vida para pagar el precio de la salvación de la descendencia de Adán. La cruz permanecía en su mente como una realidad, la cual era inescapable. Él sabía que no todo sería fama, y señales y milagros en su ministerio. Había algo que cambiaría el destino de los hombres, en una medida mayor que estas otras actividades de su ministerio. Este propósito de Dios era tan suyo que nunca permitió que nada lo separara del mismo. Satanás trató en el Monte de la tentación ofreciéndole una alternativa, pero no logró desviarlo del propósito (Mat. 4:8-10).

Las multitudes quisieron desviarlo cuando lo declararon rey en la entrada triunfal a Jerusalén. Aun uno de sus discípulos le rogó que no fuera a la cruz, pero El no sucumbió ni al sentimentalismo ni a sus propios deseos, sino que se mantuvo en el propósito de Dios.

¿Y qué tiene que ver eso conmigo ahora? Posiblemente te estés preguntando eso ahora. No hay discusión en el hecho, de que nadie tiene que volver a morir en una cruz por la salvación de los hombres, porque ya eso se logró con el sacrificio perfecto del Hijo de Dios. Pero hay un sentido, en el cual todo ministro tiene que estar consciente que él va a vivir y a ministrar para dar vida espiritual a la humanidad. Antes que podamos dar vida, tenemos que morir a nuestros propios deseos, planes, ambiciones, comodidades y prejuicios.

Haciendo el Ministerio de Jesús

La vida del que ministra no le pertenece ya más a él. Cuando entramos al ministerio nos convertimos en propiedad pública, donde seremos usados aun por nuestros mismos hermanos. Tenemos que poner a un segundo lugar nuestra seguridad económica, la familia, y aun en algunos casos la vida física. Si no estamos dispuestos a entregar nuestras vidas por la humanidad, no estamos preparados para hacer el ministerio de Jesús.

*** Pensamiento de Jesús ***

"No puedo yo hacer nada por mí mismo, según oigo así juzgo: y mi juicio es justo, porque no busco mi voluntad, sino la voluntad del que me envió". (Juan 5:30)

EL MINISTRO APROBADO

Haciendo el Ministerio de Jesús

LECCIÓN 17
EN EL PODER DEL ESPÍRITU SANTO

ESCRITURA: Hechos 10:38

"Cómo Dios ungió con el Espíritu Santo y con poder a Jesús de Nazaret y cómo éste anduvo haciendo bienes y sanando a todos los oprimidos por el diablo porque Dios era con Él".

INTRODUCCIÓN: El ministerio es un llamado divino con el propósito de hacer una obra divina. Esto indica que no hay forma posible de cumplir el ministerio sin una investidura divina. Esta investidura viene por el Espíritu Santo. Equivale a suicidio espiritual tratar de enfrentarse a Satanás y sus demonios en la fuerza de la mente, las emociones o la carne. Muchos lo han tratado y lo han pagado muy caro al ser destruidos por la misma fuerza que ellos querían destruir. Hacemos bien, tanto los que estamos activos en el ministerio, como los que están llamados al mismo, en darle la prioridad y la importancia que el Espíritu Santo debe ocupar en nuestra vida y en nuestro ministerio.

EL MINISTRO APROBADO

A- ¿Cómo Dios Equipó a Jesús?- Lucas 3:21-22

"Aconteció que cuando todo el pueblo se bautizaba, también Jesús fue bautizado, y orando, el cielo se abrió, y descendió el Espíritu Santo sobre El en forma corporal, como paloma, y vino una voz del cielo que decía: Tú eres mi Hijo amado, en ti tengo complacencia".

Jesús debe ser nuestro primer modelo en lo que se refiere a ministerio. Es bueno que aprendamos e imitemos a otros hombres, pero sólo en la medida que estos sean imitadores de Jesús. La conducta de Jesús nos da a entender con que seriedad El asumió el ministerio para el cual el Padre lo enviaba a la tierra. Su obediencia fue notoria en todas las circunstancias. Antes de comenzar su ministerio fue para ser bautizado por Juan el Bautista, aunque aparentemente no lo necesitaba. Mientras estudio esto fui impresionado como Dios llenó con el Espíritu Santo a su Hijo después que El se sometió en obediencia a cumplir toda justicia. La Biblia afirma en otro lugar cuan necesaria es la obediencia para recibir la plenitud del Espíritu (Vea Hechos 5:32).

Tanto el Padre como Jesús sabían el tipo de lucha que se desenvolvería en la tierra con la llegada del Hijo de Dios a destruir las obras del diablo. Como un Padre bueno, me atrevo asegurar que Dios le indicó muy temprano a Jesús le necesidad de recibir la investidura del poder del Espíritu Santo antes de comenzar su ministerio. Eso fue lo que sucedió ese día en el rió Jordán, el Espíritu Santo descendió del cielo y equipó a Jesús para hacer las obras de Dios y destruir las obras del diablo.

Haciendo el Ministerio de Jesús

Esto lo afirmó Pedro en casa de Cornelio cuando estaba predicando el evangelio a los gentiles. Después de hablar del bautismo de Juan en Hec. 10:37, Pedro dijo esas palabras poderosas que han inspirado a miles de hombres y mujeres que buscan cuál era el secreto del ministerio de Jesús. El secreto es claro y sencillo de acuerdo a las palabras de Pedro: *"Cómo Dios ungió con el Espíritu Santo y con poder a Jesús de Nazaret, y cómo éste anduvo haciendo bienes y sanando a todos los oprimidos por el diablo, porque Dios estaba con El"*(Hec. 10:38).

B- La Prioridad del Bautismo del Espíritu Santo.- Luc. 24:49

"He aquí, yo enviaré la promesa de mi Padre sobre vosotros, pero quedaos vosotros en la ciudad de Jerusalén, hasta que seáis investidos de poder desde lo alto".

Uno de los argumentos de más peso para creer en el bautismo del Espíritu Santo lo encontramos en lo que vimos en los párrafos anteriores. Si Jesús siendo el Hijo de Dios sin mancha de pecado, necesitó el bautismo del Espíritu Santo, entonces no hay forma que tú y yo podamos funcionar propiamente sin él. Debes siempre recordar que Jesús no vino a esta tierra a ministrar como Dios sino como el hijo del hombre. Dios no necesita ser ungido por el Espíritu Santo, pero el hombre sí. La Biblia no registra que Jesús hiciera ninguna señal o milagro hasta ser lleno del Espíritu Santo. ¿Te das cuenta que la mayoría de los predicadores y maestros que atacan el Bautismo del Espíritu Santo, tampoco son usados por Dios en señales y milagros?. Aparentemente no podemos tener una cosa sin la otra.

EL MINISTRO APROBADO

En la misma forma que el Padre consideró muy importante el que su Hijo fuera lleno del Espíritu antes de empezar su ministerio, Jesús antes de irse al cielo le dio instrucciones específicas a sus discípulos. Una de ellas fue que no se fueran de Jerusalén hasta que fueran investidos con el poder del Espíritu Santo. Lo que hoy se considera una opción en muchos sectores del cristianismo, Jesús lo consideraba y lo instituyó como un mandamiento, primero para sus ministros, y segundo para cada creyente. ¡Cómo se atreve alguien a cambiar las instrucciones de Jesús por las tradiciones de los hombres! Hoy en día hemos cambiado el orden de las cosas. Se le ha dado más importancia a la teología sistemática, a la historia eclesiástica, a las reglas de interpretación bíblica, y al arte de la predicación que al bautismo del Espíritu Santo.

La anemia espiritual que abunda en nuestros púlpitos e iglesias es resultado directo de creer que somos más sabios que Dios. Gracias a Dios que los hermanos del libro de los Hechos no eran tan "iluminados" como nosotros. Por esa razón se fueron al Aposento Alto y de allí no se movieron hasta ser llenos del poder del Espíritu Santo. ¿Qué recibieron ese día cuando vino sobre ellos un viento recio que soplaba el cual llenó toda la casa? No fue solamente lenguas, las lenguas fueron una manifestación de lo que habían recibido. Fueron llenos del mismo poder que Jesús había sido lleno en el río Jordán.

Con razón nada ni nadie pudo detenerlos en el curso de su ministerio. Una fuerza superior a su intelecto, sus emociones, y su voluntad se había posesionado de ellos, el poder o el **"Dunamis"** de Dios, el Espíritu Santo. Te exhorto en el nombre de Jesús, tú que deseas dirigir el

Haciendo el Ministerio de Jesús

pueblo de Dios, enfatiza el bautismo del Espíritu Santo, aunque eso te haga impopular con tus compañeros de ministerio, y nunca escondas lo que tú sabes que es fundamental para un ministerio efectivo y poderoso.

C- ¿Qué es la Unción del Espíritu Santo?- Luc. 4:18,19

"El Espíritu del Señor está sobre mí, por cuanto me ha ungido para dar buenas nuevas a los pobres, me ha enviado a sanar a los quebrantados de corazón, a pregonar libertad a los cautivos, y vista a los ciegos, a poner en libertad a los oprimidos, a predicar el año agradable del Señor".

Hoy en día es muy popular y común hablar sobre la unción. El problema es que muchos no tienen una idea clara de lo que es la unción y lo que ella produce. Permíteme citarte una porción de mi libro "**Los Secretos de la Unción**".

*Podemos decir que la **Unción** es el método de operación del Espíritu de Dios aquí en la tierra. Envuelve todas las gracias, habilidades y poderes que el Espíritu Santo nos concede para hacer las obras de Dios y suplir las necesidades espirituales de la humanidad. La **Unción** es muy necesaria porque trae una realidad de la presencia de Dios y lo sobrenatural, que acerca a los cristianos más a Dios, y produce un efecto en el pecador que puede conducirlo al arrepentimiento.*

EL MINISTRO APROBADO

> *Otra posible definición de la **Unción** es una investidura de poder que Dios nos da en un momento determinado para hacer una obra determinada. Los que ministramos hemos experimentado momentos cuando nos sentíamos tan incapaces de hacer la obra de Dios hasta que ese algo maravilloso descendió. Cuando Jesús le habló a los discípulos acerca del Espíritu que habrían de recibir les dijo: "Y seréis investidos de poder de lo alto" (Luc. 24:49).*

La unción es imprescindible en la vida de un ministro. Sin ella somos como metal que resuena y címbalo que retiñe. Ella establece la diferencia entre un ministerio mediocre y uno de altura espiritual. Sólo por medio de la unción lograremos tres cosas: supliremos las necesidades espirituales de la humanidad, destruiremos los yugos de Satanás, y nos sentiremos realizados en el ministerio.

D- Comunión con el Espíritu Santo- Hechos 9:31

> *Entonces las iglesias tenían paz por toda Judea, Galilea y Samaria, y eran edificadas, andando en el temor del Señor, y se acrecentaban fortalecidas por el Espíritu Santo.*

Una cosa es ser bautizado en el Espíritu Santo, otra es mantener la realidad de esa experiencia. La clave para esto es no ver al Espíritu como una mera experiencia, sino verlo como El es. El Espíritu Santo es Dios, y como tal tiene todos sus atributos. Esto indica que El es más que una

Haciendo el Ministerio de Jesús

fuerza o una energía cósmica. Siendo Dios, debemos tratar al Espíritu Santo como lo que El es, y no tener temor de hablarle y adorarle. Su presencia está en todo lugar, aunque no necesariamente su manifestación. El lo sabe todo y lo puede todo, y es por medio de El que Dios actúa ahora en la tierra. Si esto es así, entonces haríamos bien en tratar al Espíritu Santo con más respeto y reverencia. Si queremos su imprescindible ayuda, debemos mantenerlo de nuestro lado.

Puedo testificar que mi vida y mi ministerio tomaron un nuevo rumbo cuando descubrí lo que estoy compartiendo contigo. Cuando aprendí que el Espíritu es una persona con sentimientos, empecé a tratarlo en una forma diferente. Aprendí a tener comunión con El cada hora del día. Para decirte la verdad, hablo más con el Espíritu Santo que con ninguna otra persona en este planeta. Le pido ayuda para orar, y le pido que me revele la Biblia cuando la leo. Ya no se me ocurre pararme a predicar sin antes pedirle que El me dé las palabras que la congregación necesita. He aprendido no sólo a hablarle, sino a escucharle. No sé cómo hacen otros predicadores, pero para mí es de suma importancia saber que el mensaje que le voy a traer a una congregación es el mensaje que el Espíritu Santo quiere para esa ocasión.

Es esta comunión lo que mantiene la llama ardiente del Espíritu en el ministro. Nosotros más que nadie necesitamos desarrollar esta comunión con el Espíritu Santo, porque es así como lo conocemos mejor. Mientras más comunico con El, descubro que es lo que a El le gusta y que es lo que lo ofende. Lo ultimo que yo quiero hacer en mi vida, es contristar al Espíritu Santo. ¿Cómo voy a

EL MINISTRO APROBADO

enfrentarme a Satanás sin su poder? ¿Como voy a entender las Escrituras sin su sabiduría? ¿Cómo voy a ser efectivo con el público sin su gracia? Te aconsejo que tú obedezcas al Espíritu Santo aun en las cosas más insignificantes, y algún día estarás capacitado para obedecerle en las cosas más complicadas.

E- Desead los Dones del Espíritu Santo- 1 Cor. 12:1-11

Así también vosotros, pues que anheláis dones espirituales, procurad abundar en ellos para edificación de la iglesia. (1 Cor. 14:12)

Los dones del Espíritu Santo son las herramientas para hacer la obra de Dios. Debemos prestarle más importancia a estas nueve gracias que Dios ha provisto para que edifiquemos su iglesia. Cada uno de estos dones tiene un carácter sobrenatural y operan por la dirección del Espíritu Santo para resolver una necesidad en la iglesia o en los individuos. Las cosas que se pueden hacer por medio de estos dones, es imposible hacerlas sin su manifestación.

Por eso la Biblia nos aconseja a que procuremos los dones espirituales (1 Cor. 14:1). Ninguna iglesia que ignore estas gracias podrá funcionar propiamente y nunca será edificada de acuerdo al patrón divino. Es mi opinión personal que nadie posee ningún don, los dones residen en el Espíritu Santo, y El reparte a cada uno de acuerdo a la necesidad del momento, y de acuerdo a la disponibilidad de los creyentes para ejercerlos y recibirlos.

Haciendo el Ministerio de Jesús

1- Dones de Revelación- Por medio de ellos Dios nos revela cosas secretas y nos provee información que de otro modo no podríamos recibir.

a- ***Palabra de Sabiduría-*** Dios revela una palabra de su infinita sabiduría para resolver una situación presente. Puede ser también una revelación de un segmento de la mente de Dios acerca del futuro.

b- ***Palabra de Conocimiento-*** Dios no da información sobre una situación, una persona o un evento del pasado o del presente.

c- ***Discernimiento de Espíritus-*** Por este don podemos discernir qué espíritu está operando en una situación. Cuando este don se manifiesta recibimos revelación para saber si es el espíritu humano, espíritus demoníacos, o seres angelicales los que se están manifestando.

2- Dones de Información (inspiración)- El medio de Dios para comunicarle mensajes a su pueblo. Podemos decir que por medio de estos dones Dios edifica, exhorta y consuela a su pueblo.

a- ***Géneros de Lenguas-*** Un mensaje en una lengua angelical o humana que la congregación no conoce. Diferente a las lenguas de toda persona llena del Espíritu, que son señal del bautismo en el Espíritu Santo.

b- ***Interpretación de lenguas-*** Acompaña al don de lenguas para traer en el idioma del pueblo el equivalente de lo que se dijo en lenguas. No es una traducción literal, sino un resumen de lo que otro dijo en lenguas.

EL MINISTRO APROBADO

c- *Profecía*- Cuando Dios habla a su pueblo para edificación, exhortación y consolación.

3- Dones de Acción (poder)- Podemos llamarle dones de poder porque por medio de ellos se manifiesta el poder de Dios.

a- *Fe*- Una habilidad sobrenatural para creer por algo humanamente imposible en el momento. Diferente a la fe común del creyente.

b- *Dones de Sanidades*- Habilidad sobrenatural impartida por el Espíritu Santo para sanar diferentes tipos de enfermedades.

c- *El Hacer Milagros*- Habilidad sobrenatural para hacer algo que está más allá de lo natural. Es más que una sanidad. Ejemplo: aparición de un brazo donde no lo había.

LECCIÓN 18
HACIENDO DISCÍPULOS

ESCRITURA: Mateo 28:19-20

"Por tanto, id, y haced discípulos a todas las naciones, bautizándolos en el nombre del Padre, y del Hijo, y del Espíritu Santo, enseñándoles que guarden todas las cosas que os he mandado, y he aquí yo estoy con vosotros todos los días, hasta el fin del mundo".

INTRODUCCIÓN: Si leemos cuidadosamente los evangelios y el libro de los Hechos nos daremos cuenta que Dios no está buscando meramente convertidos, sino discípulos. La iglesia moderna no ha captado este principio y la razón es que los mismos que hoy son ministros nunca fueron discípulos. Como nunca fueron discípulos, estos líderes siguen cargando una serie de defectos en su vida y su carácter, los cuales se siguen reproduciendo de generación en generación. Dios desea que antes que una persona tenga un oficio ministerial, haya sido discipulada en todas las áreas de su vida por un maestro competente.

EL MINISTRO APROBADO

A- Una de las Prioridades de Jesús - Luc. 6:12-13

"En aquellos días El fue al monte a orar, y pasó la noche orando a Dios. Y cuando era de día, llamó a sus discípulos, y escogió a doce de ellos, a los cuales también llamó apóstoles".

Sería de esperar que teniendo Jesús una unción tan grande y un ministerio tan poderoso, que se dedicara a las grandes concentraciones de personas como una prioridad. Uno de los problemas fundamentales del ministerio moderno es dedicarse a aquellas facetas del ministerio que se ven más espectaculares y emocionantes, y descuidar otras que suelen tener más importancia a largo plazo. Jesús sabía que El no siempre estaría en la tierra. Por eso el dedicó mucho tiempo para preparar personas que pudieran multiplicar su unción y ministerio en los años por venir. Pienso que muchos líderes no hacen esto, porque creen que van a durar para siempre.

Es cierto que Jesús le ministró a las multitudes y tuvo gran compasión de ellas, pero El sabía donde invertir más tiempo, pensando en resultados a largo plazo. La Biblia nos registra que una de las primeras cosas que El hizo en su ministerio fue escoger discípulos, en los cuales El vació su vida por tres años. Aunque tenemos que considerar el hecho de que Jesús no sólo tenía doce discípulos, tenemos que entender que fue de estos discípulos que El escogió a doce para que fueran apóstoles.

Esto nos da a entender que antes de ser un ministro se requiere ser un buen discípulo. Antes de los

Haciendo el Ministerio de Jesús

doce ser escogidos para ser apóstoles fueron llamados a ser discípulos. Considero que una de las razones por las cuales tantos ministros hoy en día no tienen carácter, es porque nunca se les formó como discípulos. He observado como líderes que no eran fieles en su iglesia, sacan un grupo de otra iglesia para convertirse ellos en pastores. Es interesante que cuando observamos a los seguidores de estos líderes, son exactamente igual que ellos.

B- La Formación de un Discípulo - Luc. 6:40

"El discípulo no es superior a su maestro, mas todo el que fuere perfeccionado, será como su maestro".

La formación de un discípulo no es asunto de tomar un curso de teología, ni de leer algunos libros de doctrina. Se requiere mucho más que eso. Un discípulo necesita un maestro que esté capacitado para entrenarle. La función de este maestro no es sólo dar información teórica, sino de corregir al discípulo. No olvides que la raíz de la palabra discípulo vine de disciplinar. Un discípulo es una persona que se deja disciplinar por otra para un día llegar a ser como su maestro (Mat. 10:24-25). Por lo tanto es de trascendental importancia que el discípulo tenga un corazón y una mente abierta para recibir de su maestro.

Jesús tomó a estos doce hombres y les dedicó tiempo para poder conseguir transformarlos en lo que El quería. Es cierto que Jesús tenía sesiones formales con ellos en las cuales les enseñaba, pero a la misma vez El aprovechaba todo incidente o todo situación de los discípulos para formar carácter en ellos (Mar. 4:34). Esto que Jesús hacía con el grupo grande de discípulos, lo hacía

EL MINISTRO APROBADO

en una medida mayor con los doce que serían los futuros ministros de la iglesia. Este no es un trabajo fácil, ni para el discípulo ni para el maestro, porque conlleva una franqueza y firmeza del maestro para sacar un hombre de Dios de lo que antes era una persona orgullosa, soberbia, egoísta y sabia en su propia opinión.

C- La Perfección de un Discípulo- Heb. 5:8,9

"Y aunque era Hijo, por lo que padeció aprendió la obediencia, y habiendo sido perfeccionado, vino a ser autor de eterna salvación para todos los que le obedecen".

El discipulado es necesario porque es por este medio que Dios nos lleva a la perfección. Es mi opinión que cada uno de los cinco ministerios debe ser un discipulador. El propósito de estos ministerios de acuerdo a Efesios cuatro es perfeccionar a los santos para la obra del ministerio. ¿Pero cómo ellos van a perfeccionar a otros, si primero ellos no han sido perfeccionados? Esto tiene que ser así, porque es la única forma de darle continuidad al ministerio. Jesús sabía que algún día El regresaría al cielo, y se requeriría de hombres que le dieran continuidad a lo que El había iniciado. Era necesario entrenarlos para que ellos fueran una representación fiel de todo lo que el Maestro era.

Hay un sinnúmero de áreas en los que son llamados al ministerio, las cuales tienen que ser tocadas por el maestro. Además del conocimiento bíblico, hay que enseñarles a los discípulos sobre todas las esferas de la vida, tanto espiritual como natural.

Haciendo el Ministerio de Jesús

Ejemplo de Áreas a Corregir:

1- Integridad y responsabilidad
2- La moral del individuo
3- Relaciones familiares
4- Noviazgo y matrimonio
5- Crianza de los hijos
6- Administración de las finanzas
7- Uso del tiempo
8- Ética ministerial
9- Enseñarlos a orar y ayunar
10- Cuidado de la vida espiritual- Incluye la responsabilidad de cada individuo con la Palabra, con el Espíritu Santo y con la iglesia.

D- La Relación de Padre e Hijo- 2 Tim. 2:1

*"Tú, pues, **hijo mío**, Esfuérzate en la gracia que es en Cristo Jesús".*

La relación que debe existir entre un maestro y un discípulo es la que existe entre un padre y un hijo. Un buen padre ama sus hijos, los enseña, pero también los disciplina cuando es necesario. El trabajo mayor de un padre es en los primeros años de formación de sus hijos. Si hay una buena base, a medida que el hijo empieza a madurar, el nivel de corrección va a bajar y el nivel de motivación va a subir.

He observado como tantos pastores que tienen sueños de grandeza no están cumpliendo su divina misión

EL MINISTRO APROBADO

de ser padres espirituales en sus iglesias. Se usa la iglesia solamente como una base económica, para desde ella lanzarse a otro ministerio que sea más emocionante o más lucrativo. La realidad es que hay pastores que aman las multitudes, pero odian al individuo.

Este concepto de paternidad espiritual no es nuevo. Lo encontramos desde el Antiguo Testamento. Esta era la relación que existía entre Moisés y Josué. Siempre he sido impactado por la frase que dijo Eliseo cuando Elías se fue al cielo: *"Padre Mío. padre mío, carro de Israel y su gente de a caballo"* (2 Rey. 2:9). Eliseo veía a Elías como un padre, por la formación que había recibido de éste durante los muchos años que le estuvo sirviendo.

Otro exponente de este concepto es el Apóstol Pablo. Escribiéndole a los Gálatas los trata de hijos (Cap. 4:19), y les expresa de esta forma su preocupación por el estado espiritual de ellos. Tenemos otros ejemplos de esta relación de padre a hijo en el Nuevo Testamento. Ejemplos de esto: Timoteo (2 Tim. 2:1), Tito (Tit. 1:4) y Onésimo (File. 1:10)

E- Enseñándoles Todas las Cosas - 1 Tim. 6:3,4

"Si alguno enseña otra cosa, y no se conforma a las sanas palabras de nuestro Señor Jesucristo, y a la doctrina que es conforme a la piedad, está envanecido, nada sabe, y delira acerca de cuestiones y contiendas de palabras, de las cuales nacen envidias, pleitos, blasfemias, malas sospechas".

Haciendo el Ministerio de Jesús

Jesús nos hace a todos responsables de hacer discípulos en nuestra misión de ir por todo el mundo. Primero, El nos dice que vayamos por todo el mundo y prediquemos el evangelio. Luego nos da el paso a seguir: Hagan discípulos en todas la naciones. ¿Cómo hacemos discípulos?

Las instrucciones de Jesús son claras: *"enseñándoles que guarden todas las cosas que yo os he mandado..."* (Mat. 28:20).9. Estas palabras indican que un discípulo no es uno que sólo sabe las palabras de Jesús, sino uno que se ha disciplinado para ponerlas en práctica. Veamos a ver si tú calificas para ser un discípulo y luego hacer discípulos. Déjame compartir contigo algunas de las palabras de Jesús.

"Si alguno viene a mí, y no aborrece a su padre, y madre, y mujer, e hijos, y hermanos, y hermanas, y aun su propia vida, no puede ser mi discípulo".

"Y el que no lleva su cruz y viene en pos de mi, no puede ser mi discípulo".

"Así, pues, cualquiera de vosotros que no renuncia a todo lo que posee, no puede ser mi discípulo". Lucas 4:26,27,33

*** Pensamiento ***

Nadie que no esté dispuesto a ser un fiel discípulo, nunca llegará a ser un buen maestro.

EL MINISTRO APROBADO

Haciendo el Ministerio de Jesús

LECCIÓN 19
PREDICANDO CON PODER

ESCRITURA: 1 Corintios 1:21, Marcos 16:20

"Pues ya que en la sabiduría de Dios, el mundo no conoció Dios mediante la sabiduría, agradó a Dios salvar a los creyentes por la locura de la predicación". (1 Cor. 1:21)

INTRODUCCIÓN: Una de las tareas más importantes del ministro es la predicación y la enseñanza de la Palabra. El éxito del ministro depende en gran medida del éxito de su predicación. Esto es tan importante porque la Biblia dice que este es el método de Dios para salvar la humanidad. Es por el medio de la predicación que la fe es despertada en los corazones de los hombres para poder creer en el evangelio. Aun lo sobrenatural no es activado a menos que primero prediquemos la Palabra. El arte de la predicación no se desarrolla de la noche a la mañana, requiere estudio, práctica y perseverancia.

EL MINISTRO APROBADO

A- ¿Qué es Predicar? - 2 Tim. 4:1-4

"Te encarezco delante de Dios y del Señor Jesucristo, que juzgará a los vivos y a los muertos en su manifestación y en su reino, que prediques la Palabra, que instes a tiempo y fuera de tiempo, redarguye, reprende, exhorta con toda paciencia y doctrina. Porque vendrá tiempo cuando no sufrirán la sana doctrina, sino que teniendo comezón de oír, se amontonarán maestros conforme a sus propias concupiscencias, y apartarán de la verdad el oído para volverse a las fábulas".

Predicar es anunciar o proclamar la Palabra de Dios en público. Es una proclamación pública de una verdad, que lleva un sentido de urgencia y siempre tiene el propósito de provocar un cambio en los oyentes. Es más que una declaración o intercambio de ideas, porque esto sólo causa un cambio en la mente del que escucha. Cuando predicamos intentamos cambiar no sólo la mente de los oyentes, sino el corazón y todo su estilo de vida. La verdadera predicación bíblica siempre enfrenta al individuo con el contenido del mensaje.

Una de las grandes crisis de la iglesia moderna es que tenemos muchos llamados predicadores, y ellos mismos no están convencidos de lo que están proclamando. La predicación para ser efectiva primero tiene que haber cambiado al mensajero. Me atrevo afirmar que ni los institutos ni los seminarios pueden enseñar a predicar, sólo pueden ayudarnos a usar herramientas para la predicación. No es otro que el

Haciendo el Ministerio de Jesús

Espíritu Santo quien nos puede enseñar y capacitar para ser los heraldos de Dios para este mundo perdido..

B- El Origen de la Predicación de Poder - Jer. 23 18,23

"Porque, ¿quién estuvo en el secreto de Jehová, y vio, y oyó su Palabra? ¿Quién estuvo atento a su Palabra, y la oyó?" (Jer. 23:18)

"Pero si ellos hubieran estado en mi secreto, habrían hecho oír mis palabras a mi pueblo, y lo habrían hecho volver de su mal camino, y de la maldad de sus obras". (Jer. 23:23)

La predicación de poder nace en la intimidad y comunión con Dios. Nadie que no esté dispuesto a pagar el precio de la búsqueda continua del rostro del Señor podrá llegar a predicar con poder. Si vamos a confrontar un mundo que está bajo el control del maligno, no hay forma que podamos hacerlo en la fuerza de la mente o las emociones. Aunque estas dos fuerzas están envueltas, necesitamos la fuerza del Espíritu Santo. La predicación de poder nace en la oración de poder. Te has preguntado alguna ves por qué Cristo no enseñó a sus discípulos a predicar, pero sí a orar. Todos los predicadores que han revolucionado el mundo fueron hombres de oración, quienes pasaban largas horas en la presencia del Señor buscando la mente de Dios para compartirla con sus oyentes.

Esta predicación nace como resultado de una fe inquebrantable en la autoridad de la Palabra de Dios. A menos que creamos en la absoluta inspiración de las Escrituras, no podremos predicar con poder. Lo que trae

EL MINISTRO APROBADO

convicción a nuestros oyentes, es el hecho de que creemos lo que predicamos sin ninguna reserva y con gran pasión. Eso explica porque los predicadores modernistas y liberales no son poderosos en el púlpito. Si la materia prima del predicador es la Palabra, entonces él tendrá que conocerla al dedillo, saber cómo manejarla, creer en su efectividad y estar disponible para predicarla a tiempo y fuera de tiempo.

¡Cómo necesitamos al Espíritu Santo para poder ser predicadores poderosos y ungidos! Es el Espíritu Santo quien sabe que tipo de palabra necesita cada audiencia y cómo llegar a ella. Sin la ayuda del Espíritu Santo nuestras palabras son metal que resuena o címbalo que retiñe. Así que además de ser poderosos en la oración y en el conocimiento de la Palabra, tenemos que conocer al Único que puede tomar las palabras que salen de nuestra boca y convertirlas en Espíritu y vida. Por esa razón Jesús requirió que los primeros predicadores de la Palabra esperaran primero por el poder del Espíritu Santo, para luego predicar la Palabra. ¡Cuántos predicadores modernos no darían cualquier cosa por tener los mismos resultados que tuvo Pedro el día de Pentecostés!

C- El Carácter de la Predicación de Poder - 2 Cor. 1:18-21

Mas, como Dios es fiel, nuestra palabra a vosotros no es Sí y No. Porque el Hijo de Dios, Jesucristo, que entre vosotros ha sido predicado por nosotros, por mí, Silvano y Timoteo, no sido Sí y No, mas ha sido Sí en El, porque todas las promesas de Dios son en El Sí, y en El Amén, por medio de nosotros, para la gloria de Dios. Y el que nos

Haciendo el Ministerio de Jesús

confirma con vosotros en Cristo, y el que nos ungió, es Dios.

La Predicación que cambia es una predicación de carácter absoluto. El predicador tiene que estar convencido de lo que está predicando. Ningún predicador tiene derecho a cambiar la Palabra de Dios para entretener o complacer a los oyentes. Tenemos que eliminar de la predicación el relativismo y el acomodamiento. La Palabra de Dios es infalible, es verdadera y es eterna. Cuando se la presentamos al público, no podemos mostrar inseguridad ni duda.

Algo que a mí me ha ayudado en los años que he estado predicando la Palabra, es saber que yo no soy responsable de los resultados, sino de obediencia. Dios me ha dicho en las Escrituras que su Palabra nunca vuelve atrás vacía y yo simplemente lo creo. Por eso cuando un verdadero hombre de Dios expone la Palabra no debe haber lugar para las negociaciones. Si queremos que la Palabra logre lo que Dios quiere, no podemos hacer negocios con ella, ni por fama ni por plata (2 Cor. 2:17).

El carácter de la predicación de poder es entonces uno de confrontación. Sin necesidad de ser groseros o irrespetuosos, debemos confrontar la gente con las exigencias y reclamos de Dios en su Palabra. A la incredulidad hay que llamarla por su nombre, lo mismo que al pecado. Esta predicación enfrenta al individuo con él mismo, y lo a lleva al lugar que tiene que hacer una decisión a favor o en contra de Dios. Nuestra predicación no debe dejar a nadie neutral. ¿Por qué más predicadores no predican así? Primero, porque no tienen la autoridad del cielo para hacerlo, y segundo, porque le tienen miedo a

EL MINISTRO APROBADO

la opinión pública. Si queremos tornar esta humanidad conformista y apática hacia Dios, prediquemos aunque el resultado sea que nos apedreen como a Esteban.

D- El Efecto de la Predicación de Poder - Hec. 2:37

"Al oír esto, se compungieron de corazón, y dijeron a Pedro y a los otros apóstoles: Varones hermanos, ¿qué haremos"

La predicación de poder siempre tiene resultados visibles, unos inmediatos, otros tardíos. Para mí es inconcebible que predicadores sigan predicando año tras año sin notar ningún tipo de resultados. La predicación de poder nunca regresa atrás vacía porque está inspirada en la Palabra incorruptible de Dios. No debemos predicar por predicar, debemos predicar para obtener resultados permanentes.

Yo le recomiendo al predicador que no tiene resultados que haga una de dos cosas, renuncie al ministerio, o enciérrese con Dios en ayuno y oración hasta salga de ahí cambiado en otro hombre. Yo te garantizo que si la persona es llamada, tendrá una nueva pasión en el corazón y un nuevo fuego en sus labios.

El efecto de la predicación está en el cambio que ocurre en los oyentes. El último verso de Marcos nos da la clave a lo que estamos diciendo. Dice que los discípulos salieron predicando por todas partes la Palabra. ¿Tuvieron resultados? Sí que los tuvieron porque la Biblia dice que el Señor confirmaba la Palabra con las señales que la seguían.

El predicador enviado no está solo, porque él tiene la promesa del que lo envió, que siempre estaría con él

Haciendo el Ministerio de Jesús

hasta el fin del mundo (Mat.28:20). La confirmación de la Palabra está en los pecadores que son salvos, los endemoniados que son liberados, y los enfermos que son sanados.

E- El Poder del Denuedo - Hec. 4:29-31

> *"Cuando hubieron orado, el lugar en que estaban congregados tembló, y todos fueron llenos del Espíritu Santo, y hablaban con **denuedo** la Palabra de Dios".* (Hec. 4:31)

Una de las virtudes indispensables para predicar la Palabra que producirá lo sobrenatural es la virtud del denuedo. Podemos definir el "**denuedo**" como confianza, valentía, intrepidez, osadía y atrevimiento. Puede también significar libertad de expresión o franqueza. El predicador que posee esta característica verá la manifestación de lo sobrenatural en su ministerio.

Esta característica es mucho más importante que ningún entrenamiento teológico. Fue esto lo que distinguió a los predicadores del libro de los Hechos, lo cual fue notado aun por las autoridades que los querían amedrentar. Ellos sabían que eran hombres sin letras, pero observaron el atrevimiento espiritual que poseían al testificar del Cristo resucitado (Hec. 5:13).

Los apóstoles entendían muy bien la importancia del denuedo en su predicación, tanto así que lo hicieron asunto de oración con toda la iglesia en el capítulo cuatro de los Hechos. A ellos no les preocupaba tanto la persecución que venía en su contra, sino el que no tuvieran el denuedo para enfrentarse a ella y seguir

EL MINISTRO APROBADO

predicando la Palabra con poder. Por eso le pedían a Dios denuedo para predicar la Palabra. Esta escritura nos da a entender que podemos pedir el denuedo de lo alto para predicar con poder. Empecé esta lección hablando de la importancia de la oración en la vida del predicador. Aquí vemos otro de los beneficios de la oración.

Es cuando oramos que entonces somos llenos del Espíritu Santo y recibimos el denuedo para predicar la palabra con confianza, de que ella no volverá atrás vacía. El resultado siempre será el mismo. Por medio de la oración somos llenos del Espíritu Santo, el Espíritu Santo nos da el denuedo, y por medio de la proclamación de la Palabra con denuedo, habrá señales maravillas y milagros. Cuando los apóstoles oraron pidiendo el denuedo, fueron llenos del Espíritu Santo, hablaron la Palabra con denuedo y vieron los resultados de la predicación con poder (Hec. 4:33, Hec. 14:3).

*** Pensamiento***

"Es la predicación de poder la que trae convicción al pecador, activa el poder milagroso de Dios y confunde a Satanás."

Haciendo el Ministerio de Jesús

LECCIÓN 20
PREDICANDO EL REINO DE DIOS

ESCRITURA: Marcos 1:14-15

"Después que Juan fue encarcelado, Jesús vino a Galilea predicando el evangelio del reino de Dios, diciendo: El tiempo se ha cumplido, y el reino de Dios se ha acercado, arrepentíos, y creed en el evangelio".

INTRODUCCIÓN: La Predicación de Jesús era diferente porque establecía un choque con las fuerzas de las tinieblas. El primer mensaje de Jesús nos da a entender que la prioridad de la predicación de Jesús era el Reino de Dios. Jesús sabía que a menos que El confrontara las fuerzas del reino de Satanás, El no tendría éxito en la liberación de las almas atadas por el pecado, la enfermedad y los demonios. La razón por la cual mucha predicación moderna no es efectiva para liberar las vidas, es porque es una predicación llena de conceptos humanistas y motivación emocional, pero vacía del poder del reino de Dios. Todo predicador debe ser un confrontador, quien no tiene temores o reparos en

EL MINISTRO APROBADO

desafiar el dominio del diablo, para establecer el señorío de Jesús sobre las vidas de los hombres y mujeres que están perdidos en delitos y pecados.

A- La Realidad del Reino de Dios- Sal. 145:13, Rom. 14:17

Tu reino es reino de todos los siglos, y tu señorío en todas las generaciones. (Sal. 145:13)

Porque el reino de Dios no es comida ni bebida, sino justicia, paz y gozo en el Espíritu Santo. (Rom. 14.17)

El Reino de Dios es el dominio universal de Dios sobres todas sus criaturas. Este es un reino eterno el cual aunque es de un carácter espiritual e invisible, se puede manifestar en forma activa y visible. Es de trascendental importancia que el ministro del evangelio entienda que hay un mundo invisible el cual transciende nuestros sentidos físicos. Esto no implica que sea inferior al mundo natural, sino por lo contrario. Si vamos a tener éxito en el ministerio, tenemos que entender a la fuerza el funcionamiento de ambos mundos, o podríamos llamarlo de ambos reinos.

Este reino no está limitado al tiempo y al espacio, o a las circunstancias normales de la vida. En este reino abundan todas las bendiciones de Dios. Todo lo que necesitamos para hacer la obra de Dios reside en su reino. Por esa razón el creyente que recibe la revelación del Reino de Dios no tiene limitaciones, ni físicas ni espirituales. Pablo nos dice que en este reino abundan la justicia, la paz y el gozo. Sabemos si estamos operando en el Reino de

Haciendo el Ministerio de Jesús

Dios, cuando esas características se manifiestan en nuestra vida diaria.

El Reino de Dios es real porque Dios es real. En Daniel 6:26 se nos dice que ese reino no será jamás destruido y su dominio perdurará hasta el fin. Los que predicamos ese reino tenemos que estar conscientes, que no importa lo que sintamos o lo que veamos, estamos tratando con algo que es eterno, y que tarde que temprano cubrirá toda la tierra. El Reino que ahora es invisible será un día visible, y el reino que hoy es visible llegará el momento cuando desaparecerá para siempre. Por eso es un error poner nuestra mirada en un reino que será sacudido, en vez de ponerla en uno que es eterno e inconmovible(Heb. 12:28).

> *"Así que, recibiendo nosotros un reino inconmovible, tengamos gratitud, y mediante ella sirvamos a Dios agradándole con temor y reverencia".*

B- Haciendo del Reino tu Prioridad- Mat.6:33

> *"Mas buscad primeramente el reino de Dios y su justicia, y todas estas cosas os serán añadidas".*

En mis años de ministerio me he dado cuenta como tantos ministros quieren operar en el poder del Reino de Dios, pero no están dispuestos a hacer los ajustes necesarias para hacerlo. Por experiencia puedo decir que el poder y el dominio del Reino de Dios se manifiesta sólo en aquellos que han obedecido las instrucciones de Jesús: "*Mas buscad primeramente el Reino de Dios y su justicia, y todas estas cosas os serán añadidas*". Si queremos que el

EL MINISTRO APROBADO

reino se nos dé, primero nosotros tenemos que darnos al reino. Recordemos que el reino no se nos da fácil. Hay una violencia espiritual que tenemos que ejercer para que podamos operar en el poder del reino. Jesús nos dijo que el Reino de los cielos se hace fuerte y sólo los valientes lo toman por la fuerza (Mat. 11:12).

Pablo dijo que el Reino de Dios no consiste en palabras, sino en poder. Hay un gran poder a nuestra disposición en el Reino de Dios. ¿Por qué entonces más predicadores no están fluyendo en ese poder y autoridad? La razón principal es que no han establecido claramente cuales son sus prioridades. Jesús y la iglesia apostólica operaron en el poder del Reino de Dios porque para ellos no era asunto de discusión, estaba bien claro en sus mentes que lo mejor de sus talentos, habilidades, tiempo y dinero le pertenecían al Señor Jesucristo. Ellos vivían para el reino y no para ellos. Tampoco trataron de establecer su propio reino, sino que trabajaron con todo su ahínco para el Reino de Dios.

3- Jesús Vino a Predicar el Reino.- Luc. 4:43, Luc. 9:2

"Pero Él les dijo: Es necesario que también a otras ciudades anuncie el reino de Dios, porque para esto he sido enviado". (Luc. 4:43)

"Y los envió a predicar el reino de Dios, y a sanar a los enfermos". (Luc. 9:2)

Jesús no era un predicador que andaba dando golpes al aire para ver si lograba algo. Él sabía el propósito para el cual Él había venido. Dentro de ese propósito estaba la predicación del Reino de Dios. Es una tragedia

Haciendo el Ministerio de Jesús

que hoy hay miles de predicadores que ni saben que es el Reino de Dios. ¿Cómo van a predicar de algo que no saben ni que existe? Una cosa es anunciar un evangelio mental y filosófico, otra cosa es anunciar un evangelio de poder y dominio.

Cuando Jesús en uno de sus primeros mensajes dijo que el Reino se había acercado, Él estaba anunciando una confrontación con Satanás y sus demonios. Sabemos que Satanás también tiene un reino que ejerce dominio sobre todos aquellos que no le sirven a Dios. Con esta palabras Jesús le estaba anunciando al diablo que había llegado un poder y dominio a la tierra que tiene el potencial de desplazar el reino de las tinieblas.

Podemos llegar a la conclusión que predicar el Reino de Dios es declararle guerra abierta a Satanás. ¿Te das cuenta por qué la iglesia no ha sido tan efectiva en la predicación del evangelio? Porque se ha encargado más de predicar doctrinas y mandamientos de hombres que en ejercer el dominio de Dios en la tierra. Jesús era un predicador del Reino, uno que confronta al diablo y a los demonios, trae convicción a los hombres y tiene todo el respaldo de Dios.

4- Somos Enviados a Predicar el Reino. - Hec. 8:12, Hec. 28:30,31

"Pero cuando creyeron a Felipe, que anunciaba el evangelio del Reino de Dios y el nombre de Jesucristo, se bautizaban hombres y mujeres". (Hec. 8:12)

Y Pablo permaneció dos años enteros en una casa alquilada, y recibía a todos los que a él venían,

EL MINISTRO APROBADO

predicando el reino de Dios y enseñando acerca de Jesucristo, abiertamente y sin impedimento. (Hec. 28:30,31)

Un estudio meticuloso del Nuevo Testamento nos lleva a concluir que somos llamados a predicar el evangelio del reino. Algunos han interpretado que esto significa sólo el reino que Jesús está por establecer en su segunda venida a la tierra. Predicar el Reino de Dios es anunciarle al diablo y sus potestades acerca del dominio y autoridad de Dios ahora en la tierra. Esta predicación siempre produce resultados porque hay una confrontación de reinos. Dios quiere que prediquemos el reino, para que le manifestemos a sus enemigos aquí en la tierra la preeminencia de su reino.

No es coincidencia que Juan el Bautista predicó el Reino de Dios(Mat. 3:2). Los discípulos de Jesús predicaron el reino por orden de Jesús (Luc. 9:2). Los setenta fueron comisionados por Jesús para anunciar el reino (Luc. 10:9). Jesús consideró este asunto tan importante que antes de irse al cielo pasó cuarenta días con sus discípulos hablándoles del Reino de Dios (Hec.1:1-3). ¿Qué causó el gran avivamiento en la ciudad de Samaria? Felipe les anunció el Reino de Dios. Es interesante observar que el libro de los Hechos termina relatando, como Pablo aun estando preso en Roma aprovechó la oportunidad para predicar el Reino de Dios a todos los que venían a visitarle (Hec. 28:30-31).

5- ¿Qué es Predicar el Reino de Dios?- Mat. 10:7,8, Luc. 10:9,17

Haciendo el Ministerio de Jesús

"Y yendo, predicad, diciendo: El reino de los cielos se ha acercado. Sanad enfermos, limpiad leprosos, resucitad muertos, echad fuera demonios, de gracia recibisteis, dad de gracia". (Mat. 10:7,8)

Ya hemos dicho anteriormente que predicar el Reino de Dios es anunciar el derecho legal de Dios para ejercer su dominio sobre su creación. Esto equivale a una invasión espiritual. El propósito es siempre desplazar las fuerzas de las tinieblas de una posición ofensiva a una defensiva. Satanás le teme a esta predicación porque él sabe que esta predicación no sólo tiene el propósito de informar, sino de trastornar y transformar. Siempre que se predica el Reino de Dios habrá resultados visibles.

Casi siempre la primera señal de la predicación del Reino de Dios es la manifestación de demonios. Después de Jesús haber predicado el Reino de Dios en Galilea, la Biblia nos relata que llegó a Capernaum. Como era Sábado entró a la sinagoga, donde algo sucedió que dejó a todos asombrados, cuando un hombre endemoniado comenzó a dar voces. El Reino de Dios llegó en la persona de Jesús y por eso los demonios no podían seguir jugando su jueguito religioso. Jesús usando el poder del reino inmediatamente echó fuera al espíritu inmundo. Más tarde Jesús mismo dio la explicación que esto fue consecuencia de la manifestación del Reino de Dios (Mat. 12:28).

La predicación del reino va siempre acompañada del poder para sanar los enfermos y para echar fuera los demonios. A todos los que Jesús envió con la comisión de predicar el Reino de Dios, también le dio la autoridad para sanar los enfermos y echar fuera los demonios. Esta

EL MINISTRO APROBADO

autoridad no le ha sido quitada a la iglesia, sino que por el contrario, ha sido aumentada. Antes de Jesús irse al cielo les prometió a todos sus seguidores de todas las épocas como el poder del Reino de Dios operaría en sus vidas. Todas las señales que Jesús dijo que seguirían a los creyentes son resultados de la Predicación del Reino de Dios (Mar. 16:16).

Cuando nos atrevemos a confrontar a Satanás con la predicación del Reino de Dios, los resultados serán los mismos que tuvieron los primeros discípulos. La palabra del Reino tiene un poder explosivo que desplazará el poder del diablo, y establecerá el Reino de Dios en los corazones de los hombres. Este es el mensaje que tiene que ser predicado en todo el mundo antes que venga el fin, porque este es el único mensaje que puede convencer a la humanidad que Jesús se levantó de los muertos y reina sobre un reino inconmovible y eterno que un día absorberá todos los reinos de la tierra (Mat. 24:14, Apo. 11:15).

*** Pensamiento ***

La predicación del Reino de Dios hará que todos los principados y potestades que se oponen al gobierno de Dios, doblequen sus rodillas ante la manifestación del poder de Dios.

CAPÍTULO 5

EJERCIENDO EL MINISTERIO

Es el propósito de Dios que terminemos el ministerio mejor que como lo empezamos. Para evitar el desgaste físico y espiritual, que es tan común en el ministerio, ejerzamos el mismo manteniendo un alto nivel de integridad y siempre dependiendo del poder del Espíritu Santo.

Lección 21: Autoridad Ministerial

Lección 22: Ética Ministerial

Lección 23: Confrontando la Oposición

Lección 24: Disciplina Ministerial y Eclesiástica

Lección 25: Administrando a Mamón

Lección 26: Cómo Terminar la Carrera

EL MINISTRO APROBADO

Ejerciendo el Ministerio Aprobado

LECCIÓN 21
AUTORIDAD MINISTERIAL

ESCRITURA : 1 Ped. 5:1-3, 2 Cor. 10:8

"Ruego a los ancianos que están entre vosotros, yo anciano también con ellos, y testigo de los padecimientos de Cristo, que soy también participante de la gloria que será revelada, apacentad la grey de Dios que está entre vosotros, cuidando de ella, no por fuerza, sino voluntariamente, no por ganancia deshonesta, sino con ánimo pronto, no como teniendo señorío sobre los que están a vuestro cuidado, sino siendo ejemplos de la grey". (1 Ped. 5:1-3)

"Porque aunque me gloríe algo más todavía de nuestra autoridad, la cual el Señor nos dio para edificación y no para destrucción, no me avergonzaré". (2 Cor. 10:8)

INTRODUCCIÓN: En este último capítulo trataremos con las áreas prácticas del ministerio. Para ser un buen

EL MINISTRO APROBADO

ministro del evangelio no es suficiente una poderosa unción y un profundo conocimiento de la Palabra de Dios. Hay un sinnúmero de detalles los cuales determinarán en cierta manera el éxito o el fracaso del ministro de Dios.

El ministerio como cualquier otra profesión conlleva práctica y ejercicio. Muchas habilidades no se aprenden de la noche a la mañana. Es bueno y saludable que entendamos que en el ejercicio del ministerio cometeremos muchos errores (No dije pecados), los cuales iremos corrigiendo a través del tiempo. Uno de esos errores es el mal uso y abuso de la autoridad ministerial. De eso es que trata esta lección.

A- Cómo Recibir Autoridad - Juan 3:27, Mat. 8:5-9

"Respondió Juan y dijo: No puede el hombre recibir nada, si no le fuere dado del cielo". (Juan 3:27)

"Porque también yo soy hombre bajo autoridad, y tengo bajo mis órdenes soldados, y digo a éste: Ve, y va, y al otro: Ven, y viene, y a mi siervo: Haz esto, y lo hace". (Mat. 8:9)

Antes que podamos ejercer autoridad tenemos que aprender a funcionar bajo autoridad. Una de las contradicciones mayores en el ministerio es la osadía de pastores al tratar de imponer autoridad a sus miembros, cuando ellos nunca se han sometido a ningún tipo de autoridad espiritual en su vida. Estos son los mismos pastores que cuando tienen la oportunidad de ejercer autoridad sobre otros, se constituyen en dictadores controladores del rebaño de Jesucristo. Con esto no le

Ejerciendo el Ministerio Aprobado

estamos restando importancia al principio de autoridad, sino que por el contrario, lo estamos fortaleciendo para que opere con más fuerza.

Sabemos que toda autoridad viene de Dios, por lo tanto todo el que se opone a la autoridad, a lo establecido por Dios se opone (Rom. 13:1-2). La primer autoridad que tiene que ser reconocida por un ministro del evangelio, es la de Dios y su Palabra. Yo creo que si una persona está verdaderamente bajo la autoridad de Dios, no se le hará difícil someterse a aquellas autoridades que Dios ha puesto. La mayor parte de las personas que dicen que sólo se someten a Dios, y no a ningún hombre, están operando bajo el engaño de Satanás. Sumisión a Dios equivale aceptar sin discusiones todo lo que Dios ha establecido en su Palabra. Jesús que es el mejor ejemplo de lo que un buen ministro debe ser, vivió toda su vida en la tierra en sumisión absoluta a la autoridad y voluntad de su Padre.

El principio de cómo operar en autoridad lo encontramos muy claro en el encuentro de Jesús con el Centurión, que vino buscando la sanidad de su criado. Este hombre verdaderamente entendía por qué Jesús tenía autoridad sobre la enfermedad y los demonios. El le dijo a Jesús: *"Porque también yo soy hombre bajo autoridad, y tengo bajo mis órdenes soldados, y digo a éste : Ve y va, y al otro: Ven, y viene, y a mi siervo: Haz esto, y lo hace"* (Mat. 8:9). Es interesante observar que el Centurión nunca mencionó que él tenía autoridad, se limitó a decir que él estaba **"bajo autoridad"**. Ese es el secreto que todo ministro tiene que aprender, que si él quiere ejercer autoridad sobre otros, primero tendrá que someterse a una autoridad establecida.

EL MINISTRO APROBADO

B- El Propósito de la Autoridad- Heb. 13:7

"Acordaos de vuestros pastores, que os hablaron la Palabra de Dios, considerad cuál haya sido el resultado de su conducta, e imitad su fe".

La función primordial de la autoridad es dirección y protección. Hay un error prevaleciente sobre la autoridad, y es que enseguida que se menciona el tema, la tendencia humana es pensar en mandar y controlar a otra persona. La persona en autoridad tendrá fuerza espiritual y moral para ejercer autoridad, en la medida que sea una inspiración a sus seguidores. Jesús dijo bien claro que en su reino no se impone autoridad como entre los gentiles. La autoridad la ejercemos sirviendo a aquellos que están a nuestro cuidado, sirviendo de ejemplos y dándoles dirección. Por eso es que se espera que los pastores, no sólo manden al rebaño, sino que ellos sean el ejemplo (Heb. 13:7).

El mismo Apóstol Pablo que tenía una gran autoridad por razón de su oficio ministerial y de la revelación que tenía del Señor Jesús, nunca abusó de la autoridad que Dios le había concedido. Escribiéndoles a los Corintios él le dice que la autoridad que Dios le dio tenía un propósito, la edificación de la iglesia y sus miembros. Si en diferentes ocasiones tuvo que tomar decisiones de autoridad que hoy nos parecen muy radicales, fue solamente por amor a la iglesia, y no por querer ser un mandón y controlador. La autoridad bien ejercida es una gran bendición para la iglesia, por la seguridad que trae a los que la reciben.

Ejerciendo el Ministerio Aprobado

Otro aspecto de la autoridad es la protección que trae sobre los que están bajo ella. Dios ha establecido un sistema de autoridad en todas las esferas de la sociedad, el cual es para preservar el orden y para proteger a los individuos. Se supone que el pastor se convierta en una protección para sus miembros, en la misma forma que el esposo es la protección para su esposa. La bendición y el poder de Dios siempre fluyen a través de la autoridad. Por lo tanto, el que no recibe la autoridad, tampoco puede recibir toda la bendición de Dios.

C- El Abuso de la Autoridad

El Apóstol Pedro sabía por el Espíritu que muchos pastores y líderes tomarían la autoridad como una ocasión para enseñorearse de los creyentes. Por esa poderosa razón fue muy enfático en su epístola sobre este particular. Sus instrucciones a todos los pastores de todas la épocas son claras:

1- *Apacentad la grey de Dios*

2- *Cuidando de ella no por fuerza*

3- *No hacerlo por dinero*

4- *Hacerlo de buena gana*

5- *No hacerlo dictatorialmente*

6- *Siendo ejemplos de la grey*

En mis muchos viajes por diferentes iglesias y países he observado cómo cientos de pastores y líderes hacen caso omiso de estas instrucciones del Espíritu Santo. Dios no nos llamó a operar en un espíritu de control y manipulación. Nosotros no somos los dueños de las ovejas

EL MINISTRO APROBADO

del Buen Pastor, sólo somos pastores que trabajamos para El. Dios va a pedirle cuentas a líderes que han abusado la autoridad que Dios le dio y se han extralimitado mucho más allá de los parámetros que están establecidos en la Palabra.

Ningún pastor tiene el permiso de Dios para controlar cada movimiento de sus ovejas. Bajo ninguna circunstancia debemos abusar las ovejas del Señor. La autoridad ministerial no debe ser una excusa para hacerle avances sexuales a las mujeres que están bajo nuestro cuidado. Tampoco debemos usar la autoridad para explotar económicamente a los miembros de la iglesia. Recuerda que el pastor por su posición y exposición puede controlar muchas cosas, y habrá personas que hagan cosas por ti, no porque Dios las requiera o porque las quieran hacer, sino porque son manipuladas a hacerlo.

D- Cómo Ejercer la Autoridad de Dios

    1- *Con amor y compasión*- La motivación principal de todo lo que hagamos debe ser siempre el amor. Recuerda que la gente es más inteligente que lo que aparenta ser, y ellos en seguida van a discernir si tú estás ejerciendo autoridad por que los amas, o simplemente para sacar ventaja de ellos. Te garantizo que si la gente discierne que tú les amas y estás buscando el bienestar de ellos, se darán a ti de todo corazón sin necesidad de ser un dictador o un tirano.

    2- *Con una actitud de gracia y misericordia* - No podemos ser legalistas imponiendo la autoridad. Tenemos que considerar cada caso de acuerdo a las circunstancias del mismo. Las reglas no pueden ser dogmáticas, deben

Ejerciendo el Ministerio Aprobado

ser flexibles. Habrá casos en los cuales tu ejerzas la autorizad en diferentes formas con diferentes personas.

3- Pídele al Espíritu Santo que te revele la motivación de la otra persona. - Hay algo que debes entender sobre la gente. Algunos no se someten por rebelión sino por las siguientes razones: (1) no saben sobre autoridad, (2) no han tenido un modelo de autoridad, o (3) han sido abusados por la autoridad. Con estas personas tú tienes que tratar completamente diferente a como tratarías con el que es rebelde porque ha seleccionado ser así. El Espíritu Santo y tu observación te ayudarán a entender cuál es la motivación detrás de la conducta de una persona.

4- Siendo bíblico y razonable en tus exigencias - Piensa en la otra persona cuando impones una regla y dale margen para el crecimiento. Tus exigencias siempre deben ser bíblicas y no contradecir la Palabra de Dios. También deben ser razonables de acuerdo a: (1) la edad de la persona, (2) el nivel espiritual, y (3) las circunstancias en las cuales esa persona se desenvuelve.

5- Nunca uses la manipulación. - Los principios de la Biblia nunca se deben usar para manipular a otras personas a hacer aquello que no tienen que hacer de acuerdo a la Palabra. Nadie tiene que hacerme favores o darme dinero por que yo sea el "varón de Dios". Si me ayudan bien y si no también. Tampoco echemos la persona a un lado, porque en una situación que la necesitábamos no llenó nuestras expectativas. Yo he sabido de infinidad de casos donde a la persona se le amenaza que si no hace cierta cosa por el pastor, la maldición de Dios caerá sobre esa persona. Esto no es otra

EL MINISTRO APROBADO

cosa que la operación del espíritu de hechicería en la iglesia. ¡Qué Dios nos guarde de semejante estupidez espiritual!

6- Con firmeza y seguridad - El ministro tiene que tener bien claro que la autoridad no viene, ni de la congregación, ni de una junta de diáconos o ancianos. No negamos la bendición de que el Pastor tenga personas a su alrededor que lo asesoren, pero al fin de cuentas Dios hace responsable al Pastor de ser la autoridad en la iglesia. Cuídate de personas que usando su astucia natural, sus influencias sociales, y su posición económica, andan de iglesia en iglesia tratando de controlar a los pastores y a las congregaciones.

7- Recordando que un día tendrás que darle cuenta de tu mayordomía al Príncipe de los pastores. - Algún día, cuando los secretos de los corazones de los hombres sean descubiertos, tendremos que pararnos ante el Gran Pastor de las ovejas y darle cuentas de cómo ejercimos la autoridad que El nos dio para establecer, dirigir y edificar su gloriosa iglesia. Nunca pierdas de vista esta realidad, y podrás así mantenerte puro y santo ejerciendo la autoridad de Dios en la tierra.

*** Pensamiento ***

"La Autoridad siempre fluye a través del canal de la comunión."

Ejerciendo el Ministerio Aprobado

LECCIÓN 22
ÉTICA MINISTERIAL

ESCRITURA : Mateo 7:12, Filipenses 2:3-4

"Así que, todas las cosas que queráis que los hombres hagan con vosotros, así también haced vosotros con ellos, porque esto es la ley y los profetas". (Mat. 7:12)

"Nada hagáis por contienda o por vanagloria, antes bien con humildad, estimando cada uno a los demás como superiores a él mismo, no mirando cada uno por lo suyo propio, sino cada cual también por lo de los otros". (Fil. 2:3,4)

INTRODUCCIÓN: Aunque no quiero ser negativo con la declaración que voy a hacer, la experiencia me prueba que es una realidad. Si un grupo de personas debiera adherirse a un alto estándar de conducta e integridad en su trato con sus compañeros, debería ser la profesión del ministerio. Toda profesión secular tiene una ética por la cual se rige y se controla la conducta de sus miembros.

EL MINISTRO APROBADO

El diccionario Webster's define la palabra **"ética"** como *los principios de conducta moral que gobiernan a un individuo o un grupo.* Podemos decir que algo es ético cuando se conforma a un código aceptado y correcto de conducta moral. Esto indica que hay estándares profesionales de conducta que se han establecido para el buen funcionamiento de un grupo. Si esto es así en lo secular ¿no debiera ser mucho más serio en lo espiritual?

A- Un Código de Conducta Ministerial Superior

Por razón de nuestro llamado en la sociedad, y del Dios de excelencia e integridad que representamos, los ministros debemos ser los primeros en comportarnos a la altura de la posición que ocupamos. Parece que hay una idea prevaleciente entre algunos ministros que porque son "espirituales" no son responsables de responder a la sociedad en la cual ministran. Esto explica porque sus vidas se distinguen por la mediocridad, la desorganización y el desorden. Personalmente he tenido experiencias con ciertos llamados ministros, las cuales no son propias ni de la gente que opera en el bajo mundo. Es interesante observar como las personas del mundo en muchas ocasiones se adhieren a un código de ética moral que tantos ministros ignoran.

Aunque es triste lo que voy a decir, es una realidad que no podemos negar. Un segmento del ministerio carismático o pentecostal, por alguna razón ha llegado a ciertas conclusiones en cuanto a ética y conducta, las cuales no son correctas de acuerdo a la Biblia. La idea prevaleciente en muchos sectores del ministerio es, que porque tengo una unción de Dios, eso me va a excusar de adherirme a ciertas reglas de conducta las cuales son

Ejerciendo el Ministerio Aprobado

propias de cualquier profesión. Hace algún tiempo atrás, después de haber sufrido una amarga experiencia con un predicador, el Espíritu Santo me dio este dicho: *"La Unción no cubre la falta de excelencia"*. Por alguna razón el diablo nos convence que porque estamos ungidos, Dios está con nosotros, y que Él permitirá que hagamos cosas que en otra profesión se consideran una ruptura de la ética aceptada por ese grupo.

Los ministros no sólo tenemos un código de ética moral, sino uno de ética espiritual. No hay excusa para que ningún ministro del santo evangelio de Jesucristo se conforme con una ética ministerial inferior a la que encontramos en otras profesiones. La ética del ministro debe ser superior porque es espiritual. Además de esto, el ministro como un hijo de Dios tiene a su disposición los recursos del cielo y la ayuda del Espíritu Santo para manifestar en su práctica diaria la excelencia de su conducta. Dios espera esto de todo ministro y somos responsables de demostrarle a esta sociedad, que aun cuando los fundamentos de la misma se estén derrumbando, nosotros como representantes del cielo continuaremos siendo columna y baluarte de la verdad.

B- Lo que Gobierna la Ética Ministerial

La ética del ministro debe ser gobernada por lo que la sociedad llama la Regla de Oro, que no es otra cosa que las palabras de Jesús. La Regla de Oro de acuerdo a los hombres dice: *"No le hagas a otro, lo que no quieres que te hagan a ti"*. La Regla de Oro de acuerdo a Jesús es diferente: *"Así que todas las cosas que queráis que los hombres hagan con vosotros: así también haced vosotros con ellos, porque esto es la ley y los profetas"* (Mat. 7:12).

EL MINISTRO APROBADO

La diferencia está en que la regla de los hombres es, no hacer para que no te hagan, pero la regla de Jesús es hacer para que te hagan. La primera asume una actitud pasiva, la segunda una activa.

Esta ley tiene un lugar muy importante en mi vida, porque no es otra cosa que la ley de reciprocidad, o la ley de siembra y cosecha. Muchas veces los argumentos usados por creyentes y ministros para excusar su quebrantamiento de la ética moral y espiritual: *"es que simplemente estoy reaccionando a lo que me hicieron"*. El establecimiento y práctica de una alta ética ministerial debe ser independiente de lo que otros puedan hacer. El problema es que nos hemos amoldado a la forma de este mundo y queremos racionalizar que lo hacemos porque todo el mundo lo hace (Rom. 12:2).

Esta forma de pensar es una prueba de inmadurez espiritual o de ignorancia de lo que significa ocupar la alta posición de un ministro de Jesucristo. Bien temprano en mi ministerio decidí que yo no iba a establecer mis patrones de conducta por lo que otros ministros estuvieran haciendo, o por lo que a mí me conviniera, sino que decidí establecer mis estándares de conducta por lo que dice la Palabra de Dios. ¡Cuántas veces he sido tentado a cambiar esta decisión por las muchas cosas que he visto en compañeros del ministerio y aun por la presión de gente bien intencionada, pero sinceramente equivocada! Permite que la Regla de Oro de Jesús gobierne tu conducta, y tendrás el mejor fundamento para tu ética ministerial. Todo aquello que yo quiero que otros ministros hagan conmigo, es lo que yo debo hacer con ellos. Agárrate de esto, independientemente de lo que

Ejerciendo el Ministerio Aprobado

otros hagan, y aunque aparentemente no veas resultados rápidos.

C- La Base de la Ética Ministerial

La integridad es la base de la ética del ministro. Integridad significa estar completo o entero. Habla de solidez moral. Implica siempre honestidad, sinceridad y transparencia. Cuando hablamos de una persona íntegra queremos decir que esa persona es una persona de entereza y honradez en sus tratos con los demás. Esta persona no tiene un doble estándar. Lo contrario a esto es una persona hipócrita.

La integridad debe ser la base de los tratos del ministro, tanto con la gente como con los otros compañeros del ministerio. Nunca debemos permitir que la ética situacional gobierne nuestras actitudes y acciones. ¿Qué es la ética situacional? Esta filosofía de vida te dice que tú puedes actuar en diferente forma y con distintos estándares de acuerdo a las circunstancias que te rodean. En otras palabras, que lo que es ilegal o inmoral en una situación deja de serlo en otra.

Los que nos suscribimos a la ética judeo-cristiana no aceptamos esta filosofía porque la misma elimina los valores absolutos establecidos en la Palabra de Dios. La mejor fuente de integridad es la Biblia porque fue inspirada por Dios. Las verdades de la Palabra de Dios son eternas y son absolutas, nunca están condicionadas al medio ambiente o a las circunstancias que nos enfrentemos.

El ministro, como un exponente de la Palabra de Dios, tiene que aceptar y practicar la integridad de la

EL MINISTRO APROBADO

Palabra de Dios para poder agradar a Dios, inspirar a otros que lo siguen, y causar que aunque los que no creen a la Palabra lo respeten a él y den gloria a Dios (Mat. 5:16).

Llegamos entonces a la conclusión que la ética del ministro es más que una ética moral, es una ética bíblica y espiritual. Dios espera que sus ministros sean íntegros en todas las áreas de su vida: la espiritual, la social, la familiar y la económica.

D- Una Ética Motivada por el Amor y la Negación Propia

El Apóstol Pablo fue un ministro quien siempre mantuvo un alto nivel de integridad y gobernaba su vida con una ética espiritual. Uno de los principios que Él siempre le enfatizó a las iglesias y a los ministros que él entrenaba fue el principio de caminar en amor y una actitud continua de negación propia. El ejemplo que él nos manda a seguir es el ejemplo de nuestro Señor Jesucristo. Si estudiamos la vida de Jesús nunca podremos decir que en algún momento el negoció su integridad personal o cambió de acuerdo a las circunstancias o de acuerdo a las personas que tenía al frente. En Jesús observamos tres rasgos característicos de su ministerio: (1) un alto nivel de integridad, (2) practicó una vida de negación propia, y (3) siempre caminó en amor hasta el final.

El segundo capítulo de Filipenses nos describe lo que es una ética de vida motivada por el amor y la negación propia. Esta vida se distingue por las siguientes virtudes:

1- *No hacer nada por contienda (competencia) o vanagloria (orgullo).*

Ejerciendo el Ministerio Aprobado

2- *Permitir que la humildad sobresalga como el rasgo principal de nuestro carácter.*

3- *Que estimemos a los demás como superiores a nosotros.*

4- *Que no estemos buscando la ventaja personal.*

5- *Que nos preocupemos por el bien de los demás.*

A primera vista estos consejos son un muy radicales y difíciles de practicar. Hay una sola forma de hacerlo, muriendo a nosotros mismos, y permitiendo que el amor de Dios fluya a través de nosotros. Si somos sinceros con Dios, El nos dará la gracia suficiente para hacerlo.

E- Los Doce Mandamientos de la Ética Ministerial

A continuación te daré lo que yo considero que son las reglas principales de la ética de un ministro de Jesucristo:

1- *Honra a los demás compañeros en el ministerio, aunque no estés de acuerdo con ellos.*

2- *Nunca trates de destruir la reputación de tu compañero en el ministerio.*

3- *Nunca trates de edificar tu iglesia atrayendo las ovejas del vecino.*

4- *Es una práctica inmoral tratar de llenar una posición ministerial en tu iglesia sonsacando a la persona de otra iglesia, sea porque le ofrezcas una promoción o un aumento de salario.*

EL MINISTRO APROBADO

5- *Cuando un miembro de otra iglesia quiere mudarse a la tuya, no aproveches la oportunidad para desprestigiar a su pastor anterior.*

6- *Nunca tomes ventaja económica de tus compañeros en el ministerio o de los miembros de tu iglesia.*

7- *Niégate a aconsejar las ovejas de otro pastor.*

8- *SIEMPRE que invitas a un compañero a ministrar en tu púlpito, hónralo económicamente porque el obrero es digno de su salario.*

9- *Nunca aproveches la visita de un predicador para decirle a la iglesia que le den una ofrenda abundante, con el propósito de suplir necesidades en tu iglesia. Es pecado y falta de honestidad ente Dios no darle a tu compañero ministro todo lo que la iglesia contribuyó para él.*

10- *Nunca pidas una ofrenda para ti en otra iglesia donde estás de visita, sin la autorización del Pastor.*

11- *Si estás visitando otra iglesia, nunca permitas ser usado por ningún miembro para que ellos venteen sus quejas contra el Pastor. Tú eres huésped del Pastor y debes honrarlo ante su gente.*

12- *Nunca hables de los defectos que tú notes en otro pastor con alguno de sus miembros.*

Las reglas que acabo de mencionar arriba no son la únicas que deben gobernar tu conducta como un ministro

Ejerciendo el Ministerio Aprobado

serio y honesto del evangelio, pero creo que son las principales. He observado por muchos años, que los ministros que las han observado, han mantenido tanto el respeto de sus compañeros en el ministerio como el de la comunidad cristiana.

*** Pensamiento ***

"Nunca permitas que los hijos de las tinieblas sean más íntegros que tú."

EL MINISTRO APROBADO

Ejerciendo el Ministerio Aprobado

LECCIÓN 23
CONFRONTANDO LA OPOSICIÓN

ESCRITURA : Juan 15:18-21

"Si el mundo os aborrece, sabed que a mí me ha aborrecido antes que a vosotros. Si fuerais del mundo, el mundo amaría lo suyo, pero porque no sois del mundo, antes yo os elegí del mundo, por eso el mundo os aborrece. Acordaos de la palabra que yo es he dicho: El siervo no es mayor que su Señor. Si a mí me han perseguido, también a vosotros os perseguirán, si han guardado mi palabra, también guardarán la vuestra. Mas todo esto os harán por causa de mi nombre, porque no conocen al que me ha enviado".

INTRODUCCIÓN: Cada persona antes de entrar al ministerio debe estar advertido, de que va a encontrar oposición, la cual vendrá de diferentes direcciones. Es muy peligroso para el hombre o mujer de Dios vivir en una nube de fantasía, creyendo que las cosas que han venido contra otros no vendrán contra él. No importa la gran

EL MINISTRO APROBADO

unción o revelación que uno tenga, la experiencia de muchos años me ha enseñado que la oposición será mayor a medida que uno avanza en el ministerio.

Al principio que una persona se inicia en el ministerio posee una ingenuidad, y cree que con sólo tener una actitud positiva, todo le saldrá bien. No pasará mucho tiempo sin que choque con la realidad y se dé cuenta que las palabras de Jesús son aplicables a todos: *"En el mundo tendréis aflicción, pero confiad, yo he vencido al mundo"* (Jn. 16:33).

A- Jesús se Enfrentó a la Oposición- Luc. 4:28-30,

"Al oír estas cosas, todos en la sinagoga se llenaron de ira, y levantándose, le echaron fuera de la ciudad, y le llevaron hasta la cumbre del monte sobre el cual estaba edificada la ciudad de ellos, para despeñarle. Mas El pasó por en medio de ellos, y se fue".

Ya hemos dicho anteriormente que Jesucristo es el modelo perfecto de nuestro ministerio. Es de esperar que no sólo seamos participantes de las glorias de su ministerio, sino también de sus sufrimientos. Toda persona (ministro o laico) que se identifique totalmente con Jesús, será objeto de la misma oposición y persecución que El tuvo. Con esto no estamos diciendo que Jesús estuviera haciendo algo adrede para ser perseguido, simplemente que el carácter de su ministerio causaba la más feroz oposición de hombres y demonios. Toda persona que esté haciendo o diciendo algo que va en contraposición al sistema del mundo o a la voluntad de

Ejerciendo el Ministerio Aprobado

Satanás, será objeto de oposición porque no se acomoda al sistema. Recuerda que mientras más tienes de Dios y más haces sus obras, mayor será la oposición a tu ministerio.

Jesús vivió confrontando la oposición todo el tiempo de su ministerio. Desde el momento que fue al monte a ayunar, la oposición fue parte de su "**modus vivendi**". Era de esperar que en su ciudad hubiera sido recibido como un gran profeta. Lo contrario le sucedió. La Palabra registra que se indignaron tanto con sus palabras, que quisieron matarlo despeñándole por un precipicio. Su misma familia creía que El estaba loco, y no creyeron en El hasta después de su resurrección (Mar.3:21, Jn. 7:4-5). ¿Cómo te gustaría que te acusaran públicamente de que eres un hijo ilegítimo (Jn. 8:41)?

Y estas reacciones no eran consecuencia de su mala conducta o mediocridad ministerial. Aunque El andaba supliendo las necesidades de la humanidad sufriente, sanando enfermos y echando fuera los demonios, fueron muchas las ocasiones que fue perseguido por sanar en el sábado y fue acusado de que estaba endemoniado (Mar. 3:22, Jn. 7:20, Jn. 8:52). No te debe sorprender entonces que en tu ministerio tú te enfrentes a la misma oposición que Jesús se enfrentó. Fue esta hostilidad del diablo y los hombres lo que llevó a Jesús a la cruz. Caminando hacia el lugar de sacrificio El dijo unas palabras que no debemos olvidar: *"Porque si en el árbol verde hacen estas cosas, ¿en el seco qué no harán?- Luc. 23:31-* Algo sí me impresiona de Jesús ante la oposición. Nunca perdió de vista el propósito para el cual había sido enviado por Dios.

EL MINISTRO APROBADO

B- Los Apóstoles Vivieron Bajo Oposición- Hec. 4:1-3, 2 Cor. 11:23-33

"Hablando ellos al pueblo, vinieron sobre ellos los sacerdotes con el jefe de la guardia del templo, y los saduceos, resentidos de que enseñasen al pueblo, y anunciasen en Jesús la resurrección de entre los muertos. Y les echaron mano, y los pusieron en la cárcel hasta el día siguiente, porque era ya tarde". (Hec. 4:1-3)

No pasó mucho tiempo sin que las palabras que Jesús les habló a sus discípulos se cumplieran. Como consecuencia de que ellos empezaron a manifestar la misma vida y el mismo poder que Jesús manifestaba, la misma oposición se desencadenó contra ellos. Desde el primer gran milagro que atrajo una multitud de personas hasta la muerte del último de los apóstoles, la oposición no menguó. Una cosa sí tenemos que notar. La oposición y persecución a su ministerio nunca atrasó la predicación del evangelio, sino que por lo contrario, les prendió la mecha y los motivó a cumplir con más pasión la gran comisión que el Señor les había dado.

Loa apóstoles y los primeros cristianos tuvieron que enfrentarse no sólo a la oposición de Satanás, sino a la oposición del sistema religioso y del sistema político de su tiempo. La cosa se hizo tan fuerte que cada persona que era creyente, sabía que un momento u otro podía llegar la situación, cuando tendría que estar dispuesta aun a entregar su vida por la causa del evangelio. Lo glorioso de todo esto era, que mientras más era la oposición y

Ejerciendo el Ministerio Aprobado

persecución, más era la gloria y la manifestación sobrenatural del poder de Dios en sus vidas.

Cada uno de los apóstoles vivió una vida enfrentándose cada día a la oposición. La mayor parte de ellos no murieron de muerte natural, con la excepción de Juan que murió desterrado en la isla de Pastmos. Si leemos tanto el libro de los Hechos como las epístolas de Pablo, nos daremos cuenta como este poderoso apóstol vivió en el medio de la oposición, tanto por parte de los de su país como de los gentiles. ¿Has leído alguna porción de las cartas de este hombre donde lo encuentres quejándose y tomándose pena a sí mismo? No, él estaba tan ocupado haciendo las obras de Dios que no tenía tiempo para esas niñerías. Hasta el final de su jornada mantuvo la paz, el gozo y la determinación posiblemente confesando diariamente lo que le había escrito a los Romanos: *"Antes, en todas estas cosas somos más que vencedores por medio de Aquel que nos amó"* (Rom. 8:37).

C- Confrontando la Oposición- Hechos 20:24

> *"Pero de ninguna cosa hago caso, ni estimo preciosa mi vida para mí mismo, con tal que acabe mi carrera con gozo, y el ministerio que recibí del Señor Jesús, para dar testimonio del evangelio de la gracia de Dios".*

El propósito de esta lección es hacer consciente a cada ministro o futuro ministro del evangelio de que debe preparar su mente para enfrentarse a la oposición que tendrá, como consecuencia de su llamado en el reino de Dios. Si condicionamos nuestra mente para esto, cuando

EL MINISTRO APROBADO

venga la oposición se nos hará más fácil poder confrontarla y vencerla. Recuerda que Dios no ha hecho provisión para que tú fracases en ninguna área de tu vida y de tu ministerio. Por lo tanto, Enfréntate a todo problema y oposición con una actitud positiva de que ninguna arma forjada contra ti prosperará.

Hemos dicho anteriormente que si queremos ser como Jesús, seremos perseguidos como Jesús. En mi vida ministerial he experimentado lo siguiente. La oposición que ha venido en mi contra, siempre me ha ayudado a desarrollar carácter, y siempre me ha elevado a un nivel superior de unción y revelación que no tenía antes. Quisiera darte unos pequeños consejos para que siempre puedas salir victorioso cuando te encuentres en el medio de la oposición.

Consejos para Siempre Salir Victorioso

1- *Debes saber que Dios está al control de tu vida y tus circunstancias.* - Filipenses 1:12

2- *Entiende que la oposición viene porque tú vas en dirección opuesta al mundo.* - Juan 15:19

3- *Nunca lo tomes como algo personal, la oposición es hacia el Cristo que vive en ti.* - Hechos 9:4

4- *Mantén la paz y el gozo, y la oposición no te amargará.* - Mateo 5:10-12

5- *Cuando eres perseguido, el Espíritu de gloria reposa sobre ti.* - 1 Pedro 4:14

Ejerciendo el Ministerio Aprobado

6- *Recuerda que la oposición crea carácter en el que la vence.* - Santiago 1:2-4

7- *Nunca permitas que la oposición te desvíe de la visión de Dios.*- Hebreos 12:2,3

8- *La queja te hará pasar más tiempo en la oposición, la alabanza te libera.*- Salmo 27:1-6

9- *Si vas a reaccionar, hazlo siempre con la Palabra y en amor.* -Mateo 5:44

10- *Mantén la mirada en el Invisible y en el trono.*- Hebreos 11:27

11- *Deja que sea Dios quien te defienda y te vindique a su tiempo.*- Salmo 37:5,6, Salmo 103:6

12- *La mejor forma de vencer la oposición es orando.*- Salmo 20

D- ¿De Dónde Viene la Oposición?

La oposición puede venir de distintas direcciones, pero no importa de donde venga siempre está inspirada por el mismo diablo. Siempre es bueno recordar las palabras de Pablo que nuestra lucha no es contra carne ni sangre, sino contra fuerzas espirituales. Aun cuando es una persona quien se te opone, detrás de ella está la operación de Satanás y sus demonios.

1- La Oposición de Satanás- Satanás es el dios de este siglo y él se opone a todo lo que representa la autoridad de Dios en la tierra. El verdadero ministerio bíblico siempre representa el dominio de Dios, y por lo

EL MINISTRO APROBADO

tanto, será resistido por el diablo. Todo ministro serio del evangelio se encontrará en situaciones cuando él sabe que hay una presión sobre su vida que no es normal. Hay períodos donde por alguna razón u otra, la presión diabólica aumenta y se hace más palpable. Esta es una presión que en ocasiones te debilita espiritual, emocional, mental y hasta físicamente. Es aquí cuando aparentemente todo va mal en el ministerio y eres tentado a "enganchar los guantes". Muchos ministros que no entendían el carácter de la oposición de Satanás, renunciaron al ministerio porque llegaron a pensar que Dios no los había llamado.

En mi experiencia como ministro, me he dado cuenta que cada vez que le estoy ocasionando daño considerable el reino de las tinieblas, Satanás se levanta con este tipo de oposición. He descubierto que si me enfrento y venzo esta presión diabólica, siempre me espera una promoción espiritual. Esta es la razón por la cual dije en mi libro **"Los Secretos de la Unción"** que tengo el "complejo de Superman". Yo no sé cómo voy a vencer, pero sí sé que siempre venzo. Mis mejores mensajes han surgido después de este período de oposición. He aprendido a aprovechar esta oposición para aprender nuevas tácticas espirituales y aun para escribir nuevos libros. ¡Ja! ¡Ja! ¡Ja!

2- La Oposición del Mundo- El mundo es un sistema que está bajo la influencia de Satanás, y está totalmente opuesto a todo lo que representa el reino de Dios. Por esta razón es que no podemos vivir para complacer al mundo y sus demandas. No te extrañe que la gente del mundo pueda convertirse en instrumentos para

Ejerciendo el Ministerio Aprobado

perseguirte. Creo que mientras más nos acerquemos al fin de este sistema de cosas, la oposición del sistema del mundo va a ser más intensa en contra de los valores del evangelio de Jesucristo. Por eso es que los ministros que quieren vivir para complacer la opinión pública, se van a llevar una gran sorpresa. Jesús aseguró que si el mundo lo odió a El y terminó llevándolo a la cruz, ninguno de sus discípulos estará exento de ser perseguido por seguir el camino de la verdad y la santidad.

3- La Oposición de la Familia- Jesús dijo que los enemigos del hombre pueden ser los de su misma casa. Si algo Satanás sabe que le funciona para fastidiar los hombres de Dios, es crearle una atmósfera de oposición dentro de su casa o de su familia. Por esto fue que cuando Jesús habló del precio del discipulado dijo: *"Si alguno viene a mí, y no aborrece a su padre, y madre, y mujer, e hijos, y hermanos, y hermanas, y aun también su propia vida, no puede ser mi discípulo"* (Luc. 14:26). Satanás sabe cuan cerca está la familia de nuestro corazón, y hará todo lo posible para que ellos sean instrumentos de tropiezo. El ministro tiene que aprender a no tener una atadura emocional con su familia, y sí una espiritual. Una atadura emocional hará que el ministro opere en las emociones y no en el espíritu. Esto explica por qué algunos al encontrar este tipo de oposición han optado por renunciar al ministerio.

La posición del ministro con su familia tiene que ser clara. Debe ser la misma de Jesús: *"En los negocios de mi Padre me conviene estar"*. A cualquiera miembro de mi familia que se me oponga por razón del reino de Dios yo le digo con mucha firmeza: "_____, te amo y quiero ser lo

EL MINISTRO APROBADO

mejor para ti, pero no te metas en mi relación con Dios y en mi entrega a su reino. Te amo a ti, pero amo más a Aquel que murió por mí. Tú eres libre para hacer lo que tú creas conveniente, pero yo estoy determinado a servir al Señor". Nunca permitas la manipulación o el chantaje, porque eso destruiría tu auto respeto, y finalmente tu ministerio.

4- La Oposición de Miembros de la Iglesia- Satanás enviará personas a tu iglesia que no vendrán con la mejor intención. A veces he pensado que hay miembros en nuestras iglesias que creen que tienen un llamado especial, oponérsele al Pastor. Son estos miembros los que quieren controlar al pastor y decirle cómo él tiene que dirigir la iglesia. Esta oposición muchas veces la notarás aun mientras predicas la Palabra. Hay otros que son más atrevidos, y hasta se te enfrentarán personalmente para cuestionar lo que tú predicas y darte instrucciones de cómo predicar.

La oposición puede manifestarse en intentos de dividirte la iglesia. Estos son los momentos cuando el ministro tiene que ser fuerte, y usar la autoridad que Dios le ha dado para operar tanto en el mundo natural como en el espiritual, para evitar que te causen una división. En el mundo espiritual atacas al demonio que está operando en las personas que se te oponen, y en el mundo natural usas tu autoridad de hombre de Dios para enfrentar a la persona o aun para expulsarla de la comunión de los santos. Me gusta lo que dice Yongi Cho: "Si alguien tiene un demonio de división en mi iglesia, yo trato de sacarle el demonio, si no quiere que le saquen el demonio, entonces lo echo a él fuera juntamente con su demonio."

Ejerciendo el Ministerio Aprobado

5- La Oposición de tus Compañeros- Esta es una de las áreas más tristes en la vida del ministro. No se supone que haya oposición de ministros que están predicando el mismo evangelio y el mismo Jesús, pero la realidad es otra. El espíritu de envidia y competencia hará que se levante oposición en tu contra de parte de otros ministros. Esta oposición puede venir porque Dios te use en una forma particular, o porque tienes un crecimiento más rápido en tu iglesia. Es posible que la oposición esté basada en la revelación de la Palabra que tú predicas.

No importa cual sea el carácter de esa oposición, nunca debes caer en la trampa de Satanás de defenderte o contraatacar al otro compañero. Tampoco dejes de hacer lo que sabes que Dios te ha mandado a hacer, para evitar la presión de la oposición que sientes contra ti y tu iglesia. Lo más importante es que permanezcas en amor, y permitir que sea Dios y el tiempo quienes te vindiquen ante la opinión pública de la ciudad.

*** Pensamiento ***

"A mayor Unción, mayor oposición, pero a mayor oposición, mayor Unción"

EL MINISTRO APROBADO

Ejerciendo el Ministerio Aprobado

LECCIÓN 24
DISCIPLINA MINISTERIAL Y ECLESIÁSTICA

ESCRITURA : Proverbios 3:11-12, Jueces 21:25

"No menosprecies, hijo mío, el castigo de Jehová, ni te fatigues de su corrección, porque Jehová al que ama castiga, como el padre al hijo a quien quiere". (Pro. 3:11,12)

"En estos días no había rey en Israel, cada uno hacía lo que bien le parecía". (Jue. 21:25)

INTRODUCCIÓN: Ninguna organización que no tenga disciplina podrá llegar a realizar completamente el propósito para el cual fue formada. La iglesia no es la excepción en este aspecto. Cada persona que es llamada al ministerio está llamada a ayudar en el crecimiento y perfección de la iglesia. Para poder lograr esto propiamente, es necesario que cada ministro entienda muy bien la necesidad y el propósito de la disciplina en la vida de la iglesia.

EL MINISTRO APROBADO

No podemos pensar que con sólo operar en la unción del Espíritu y saber predicar la Palabra con autoridad es suficiente. La iglesia gloriosa y militante que el Señor está levantando en estos días requiere de orden y disciplina para poder mantener su efectividad espiritual.

A- La Disciplina Empieza por la Casa- 1 Sam. 2:12-17,27-35

"Los hijos de Elí eran hombres impíos, y no tenían conocimiento de Jehová". (1 Sam. 2:12)

Es un requisito indispensable que antes del ministro poder ejercer disciplina en la iglesia, que la ponga en su casa. No podemos divorciar la efectividad del ministro en su casa con la efectividad en la iglesia. Tanto así que de acuerdo al Apóstol Pablo, es un requisito que los que desean ministerio sepan primero cómo gobernar su propia casa (1 Tim. 3:4-5). Podemos decir que el hogar es la primera iglesia de cualquier ministro. No podemos predicar y exigir en la iglesia más que lo que exigimos en el hogar. Esto requerirá que el primero que tenga que disciplinarse es el ministro. Es que ejercer disciplina demanda disciplina.

Tenemos en la escritura que acabamos de leer la situación de un ministro del Antiguo Testamento que ignoró su responsabilidad de poner disciplina en su casa. Elí fue un padre que por no ejercer la disciplina en sus hijos pagó consecuencias muy caras. La queja de Dios contra Elí no fue tanto por lo que los jóvenes hacían, sino por la actitud liviana que Elí tomó ante el grave pecado que ellos cometían ante Dios. Me parece que Elí era un hombre flojo de carácter, quien no supo como criar a sus hijos en la

Ejerciendo el Ministerio Aprobado

disciplina y amonestación del Señor. Como consecuencia los jóvenes se criaron con la actitud equivocada sobre el ministerio.

Tenemos que hacer conscientes a los miembros de nuestro hogar (tanto hijos como cónyuge) que no estamos en el ministerio para tomar ventaja ni de la gente ni de las cosas sagradas de Dios. Los hijos de Elí nunca entendieron esto, por eso vieron el ministerio como una oportunidad para satisfacer sus deseos carnales, la comida y el sexo. Su Padre que era el sacerdote principal, no les impuso disciplina a sus hijos y estos se desenfrenaron en su conducta moral y espiritual. La razón para esto está en las palabras que le dijo el profeta: *"Has honrado a tus hijos más que a mí"* (1 Sam. 2:29). El verdadero ministro de Jesucristo no pude cometer este grave error de pasar por alto los pecados de su casa mientras disciplina y enseña a otros, porque esto equivale a honrar a los miembros de la familia más que a Dios. Esto es bueno que el ministro se lo haga claro tanto a su cónyuge como a sus hijos.

B- Disciplina Personal- 1 Cor. 11:31,32, 1 Cor. 9:25-27

"Si, pues, nos examinásemos a nosotros mismos, no seríamos juzgados, mas siendo juzgados, somos castigados por el Señor, para que no seamos condenados con el mundo. (1 Cor. 11,31,32)

Sino que golpeo mi cuerpo, y lo pongo en servidumbre, no sea que habiendo sido heraldo para otros, yo mismo venga a ser eliminado". (1 Cor. 9:27)

EL MINISTRO APROBADO

Posiblemente la razón principal por la cual ministros no pueden ejercer disciplina en sus hogares y aun sus iglesias, es por que ellos mismos nunca se han disciplinado en distintas áreas de su vida. Creo que muchas veces la muerte prematura en ministros del evangelio se debe a la falta de disciplina. La tendencia de algunos ministros a caer en el mismo pecado una y otra vez no solamente es culpa del diablo, sino de la falta de disciplina del ministro en esa área. Cada ministro debe examinarse a sí mismo para ver cómo está su vida en cada área. No podemos continuar viviendo escondiendo la cabeza en la arena e ignorar las áreas de nuestra vida que no hemos disciplinado. Si nos disciplinamos a nosotros mismos, nunca tendremos que ser disciplinados ni por el Señor, o por la persona que Dios ha puesto como autoridad sobre nosotros.

Haríamos bien en prestar atención a las palabras de Pablo sobre la necesidad de que el ministro se discipline. El estaba muy consciente de la posibilidad que habiendo él sido un heraldo para otros, fuera al fin eliminado. Para evitar esto, él aprendió a disciplinar su vida, incluyendo su cuerpo. Es necesario que el ministro que va a disciplinar a otros aprenda a disciplinarse él primero. La mayor parte de los ministros que caen en pecados sexuales fue porque aun no podían disciplinarse en el sexo con su propia esposa. Si practicas con tu esposa cosas que están en contra de la naturaleza del sexo, será más fácil sucumbir a tener sexo ilícito con otra persona.

¿Y qué diremos de la comida? Es posible que personas estén sobre peso por problemas de salud, pero hay personas que lo están porque no se han disciplinado

Ejerciendo el Ministerio Aprobado

en el área de comer. Ellos han mal-interpretado el verso de Eclesiastés de esta forma: *"Todo lo que te venga a las manos para comer, cómetelo"*. A esto podríamos añadirle la falta de disciplina en el uso del dinero. No debes tratar de vivir un estilo de vida para el cual no te alcanzan las finanzas actuales. El tiempo es otra área que debe ser disciplinada, para que puedas lograr más cosas para el Señor.

C- El Propósito de la Disciplina- Heb. 12:5-11

"Es verdad que ninguna disciplina al presente parece ser causa de gozo, sino de tristeza, pero después da fruto apacible de justicia a los que en ella han sido ejercitados". (Heb. 12:11)

Nunca la disciplina tiene el propósito de destruir a la persona o impedir que los propósitos de Dios se cumplan en ella. La disciplina tiene el propósito de darle crecimiento y forjar carácter en los hijos. Dios nos disciplina porque somos hijos, y espera que los que estamos al frente de su iglesia entendamos nuestra responsabilidad al aplicar disciplina a los creyentes. La disciplina que un ministro le impone a sus miembros debe ser una disciplina que es una extensión de la disciplina de Dios. Esto indica que ningún pastor tiene derecho a ejercer disciplina fuera de los parámetros de la Palabra de Dios.

La disciplina tiene también el propósito de enseñarnos obediencia a Dios. Le hacemos un mal servicio a la gente si sólo le presentamos a un Dios que pasa por alto todas las rebeliones contra El y su autoridad

EL MINISTRO APROBADO

establecida. La rebeldía está muy albergada en el corazón del hombre y aun cuando venimos a Cristo tenemos muchos rasgos de ella. Si la persona sigue desobedeciendo en la misma área continuamente, tiene que llegar el momento de imponerle cierta disciplina. Los hijos que se crían sin disciplina se crían arrogantes y orgullosos, lo mismo pasa con los cristianos. Es por medio de la disciplina que aprendemos obediencia y a la misma vez llegamos a ser participantes de la santidad de Dios.

Nunca esperes que la persona que recibe la disciplina se goce con la misma. La disciplina muchas veces enoja al que la recibe, y a veces lo rebela más contra la autoridad. Algo que aprendí cuando empecé a criar hijos fue, que si yo hago lo que Dios me ha dicho que yo haga, entonces Dios es el responsable de las consecuencias. Nunca dejes de imponer disciplina por la forma como la persona reaccione o deje de reaccionar. La Biblia promete que lo que al presente produce tristeza puede convertirse en el mañana en una vida llena de gozo produciendo el fruto apacible de justicia.

D- Ejerciendo Disciplina en la Iglesia- Mat. 18:15-17

"Por tanto, si tu hermano peca contra ti, ve y repréndele estando tú y él solos, si te oyere has ganado a tu hermano. Mas si no te oyere, toma aún contigo a uno o dos, para que en boca de dos o tres testigos conste toda palabra. Si no los oyere a ellos, dilo a la iglesia, y si no oyere a la iglesia, tenle por gentil y publicano".

De acuerdo a las palabras de Jesús la iglesia está investida de autoridad para disciplinar sus miembros. Este asunto es tan serio que la disciplina que una verdadera

Ejerciendo el Ministerio Aprobado

iglesia ejerza sobre sus miembros es aceptada en el cielo como válida. Por esta razón es que personas que dejan una iglesia donde fueron disciplinados legal y bíblicamente, y se van a otra iglesia, nunca prosperarán en su vida espiritual hasta que arreglen sus cuentas con la iglesia que le impuso la disciplina.

En el caso que Jesús estaba tratando en esta escritura, está hablando de la disciplina máxima, que es expulsar a una persona de la comunión de los santos. En este caso está hablando de una persona que ha pecado contra otra y rehúsa arrepentirse. Creo que aquí Jesús estableció, que si la persona no responde a los dos primeros pasos, entonces debe ser expulsada de la iglesia.

E- Causas para Ejercer Disciplina:

1- *Práctica Continua del Pecado-* 1 Cor. 5:1-11

"En el nombre de nuestro Señor Jesucristo, reunidos vosotros y mi espíritu, con el poder de nuestro Señor Jesucristo, el tal sea entregado a Satanás para destrucción de la carne, a fin de que el espíritu sea salvo en el día del Señor Jesús". (1 Cor. 5:4,5)

El ministro tiene la autoridad divina para imponer disciplina en la iglesia por causa del pecado. Para guardar el testimonio y el respeto hacia la iglesia debemos hacer conscientes a sus miembros de la disciplina que van a ser expuestos por diferentes clases de pecado. Muchas veces la disciplina será solamente una amonestación que se le da a la persona en secreto para que ella arregle su vida con Dios. No creo que toda la iglesia tenga que enterarse de toda disciplina que se le impone a los miembros. El Pastor

EL MINISTRO APROBADO

le indica a la persona el tipo de disciplina a la cual ha sido sometido. Esto puede incluir separarlo de sus actividades públicas en la iglesia por un tiempo. De acuerdo a la severidad de la ofensa, se le puede exigir a la persona que no participe del sacramento de la Santa Cena. Si la persona insiste en seguir pecando, la iglesia tiene la autorizad de expulsarlo, y en algunos casos de entregarlo a Satanás.

2- *Rebelión Abierta a la Autoridad*

La rebelión en la iglesia es como un virus que es contagioso, y si no se toman medidas drásticas puede contaminar a toda la iglesia. En el Antiguo Testamento la paga era muerte y en algunos casos como en el de María, separación temporera del campamento. En mi caso, yo no permito ninguna manifestación de rebelión en los que trabajan en mi Staff (Equipo Ministerial) y en los que dirigen ministerios. La rebelión puede resultar en que la persona pierda su posición (junto con su salario) o su ministerio. En muchas casos la disciplina demanda que la persona haga una declaración pública de arrepentimiento, especialmente cuando se sabe que el veneno de su rebelión ha sido regado por la congregación. Si no hay esta disposición y se repite la ofensa continuamente, la persona será expulsada permanentemente de la iglesia.

3- *Traer o Participar en Intentos de División*- Rom. 16:17, Tit. 3:10-11

"Mas os ruego, hermanos, que os fijéis en los que causan divisiones y tropiezos en contra de la doctrina que vosotros habéis

Ejerciendo el Ministerio Aprobado

aprendido, y que os apartéis de ellos". (Rom. 16:17)

"Al hombre que cause divisiones, después de una y otra amonestación, deséchalo, sabiendo que el tal se ha pervertido, y peca y está condenado por su propio juicio". (Tit. 3,10,11)

La Biblia nos da autoridad a los líderes de la iglesia para bregar drásticamente con personas que causen o sean partícipes de división en la iglesia. Si hay un pecado que Dios y yo odiamos es éste, porque atenta en contra de la unidad del cuerpo, la cual es indispensable para traer la gloria y la presencia de Dios. Pablo nos dice que nos apartemos de estas personas. La disciplina contra tal persona es amonestarlo a lo más dos veces, y si no obedece desecharlo. En el caso que sea un anciano (líder de la iglesia), quien insiste en pecar en este u otro pecado, la Palabra nos da la autoridad para reprenderlo en presencia de toda la iglesia (1 Tim. 5:19-20).

4- Enseñanza de Falsa Doctrina- 1 Tim. 6:3-5, 3 Juan 1:9,10

"Cualquiera que se extravía, y no persevera en la doctrina de Cristo, no tiene a Dios, el que persevera en la doctrina de Cristo, ése sí que tiene al Padre y al Hijo. Si alguno viene a vosotros, y no trae esta doctrina, no lo recibáis en casa, ni le digáis: ¡Bienvenido!"
(3 Juan 1:9,10)

Es muy peligroso permitir personas en la iglesia, especialmente en el liderato, que estén enseñando algo

EL MINISTRO APROBADO

que contradice la buena y sana doctrina. A tales personas hay que amonestarlos, ser firmes con ellos, y alertar a la iglesia. No podemos ser condescendientes con ellos si traen confusión a la congregación. Pablo dijo dos veces que nos apartemos de ellos. Aunque un líder crea que tiene una revelación mayor que la de su pastor, tiene una de dos: sujetarse a la enseñanza de su pastor, o salir en buena forma sin tratar de hacer discípulos.

5- *Hermanos con Vidas Desordenadas*- 2 Tes. 3:6,14,15

"Pero os ordenamos, hermanos, en el nombre de nuestro Señor Jesucristo, que os apartéis de todo hermano que ande desordenadamente, y no según la enseñanza que recibisteis de nosotros". (2 Tes. 3:6)

En este caso necesariamente no estamos hablando de pecados abiertos en cuanto a moral o herejía doctrinal. Pablo se está refiriendo a personas que quieren mantener un estilo de vida desordenada. El nos el ejemplo de personas que no quieren trabajar y quieren depender económicamente de otros. En este caso Pablo aconseja que disciplinemos a los tales, no dándole nada para que aprendan a ser responsables en el área de las finanzas. Esto puede aplicarse en muchas otras áreas, donde miembros de la iglesia estén mostrando desorden e irresponsabilidad. Una forma de disciplina, es no juntarnos con ellos para que se avergüencen.

Ejerciendo el Ministerio Aprobado

*** Pensamiento ***

Es preferible disciplinarnos a nosotros mismos, que tener que ser disciplinados por Dios.

EL MINISTRO APROBADO

Ejerciendo el Ministerio Aprobado

LECCIÓN 25
ADMINISTRANDO A MAMÓN

ESCRITURA: Lucas 16:9-13

> "Y yo os digo: Ganad amigos por medio de las riquezas injustas, para que cuando éstas os falten, os reciban en las moradas eternas. El que es fiel en lo muy poco, también en lo más es fiel, y el que en lo muy poco es injusto, también en lo más es injusto. Pues si en las riquezas injustas no fuisteis fieles, ¿quién os confiará lo verdadero? Y si en lo ajeno no fuisteis fieles, ¿quién os dará lo que es vuestro? Ningún siervo puede servir a dos señores, porque o aborrecerá al uno y amará al otro, o estimará al uno, y menospreciará al otro. No podéis servir a Dios y a las riquezas" ("Mamón", en el original griego).

INTRODUCCIÓN: Si en alguna área el ministro de Dios necesita sabiduría y cuidado es en el área de las finanzas. El ministerio demanda que el ministro sepa cómo

EL MINISTRO APROBADO

administrar propiamente tanto su economía personal como la de la iglesia. Casi puedo asegurar que son más los fracasos en el ministerio por razón de no tener responsabilidad e integridad en el manejo de las finanzas que por ninguna otra razón.

Este tema es de trascendental importancia porque el dinero es una parte muy importante en la obra de Dios. No importa lo espiritual que queramos ser, tenemos que admitir que aunque el amor al dinero es la causa de todos los males, la escasez del mismo nos impide resolver algunos males. Para cumplir la visión que Dios le da a un hombre, hará falta muuuchoooooo dinero, y es aquí donde necesitamos tener una base espiritual y moral para tratar con el mismo.

A- La Actitud Hacia Mamón

Es interesante estudiar la palabra que Jesús usó para referirse al dinero. La palabra "**mamón**" significa confianza, pero también significa el dios de las riquezas y el dios de la avaricia. Esto indica claramente que hay un dios, entiéndase un ídolo o un demonio que hace que la humanidad sirva y adore al dinero por encima de Dios. Por eso Jesús dijo muy claro que no podemos servir a dos señores, a Dios y a las riquezas. La palabra aquí es mamón, la cual Jesús la considera como un Señor a quien los hombres le sirven. Detrás del amor al dinero está la actividad espiritual de Mamón. Mamón también es un espíritu de avaricia y egoísmo. La persona que es poseída por este espíritu ha puesto su confianza en el dinero, en vez de Dios.

Ejerciendo el Ministerio Aprobado

Es un grave peligro cuando el hombre de Dios empieza a depositar su confianza en los dioses del oro y la plata. Tenemos que admitir que esto nunca se hace obvio al principio, hasta que la persona está completamente enredada sirviéndole a Mamón. Recuerda que Satanás es el maestro del engaño y nunca le va a pedir abiertamente a un hombre de Dios que adore el dinero, pero puede conseguirlo de otra forma. En el momento que la persona pone más fe y confianza en el dinero que en la habilidad de Dios para ayudarlo, la persona está sirviendo a Mamón aun sin saberlo.

La declaración que voy a hacer me puede buscar algunos enemigos, pero sigue siendo la verdad. Hay ministros que creyendo que el fin justifica los medios, no están haciendo otra cosa que sirviendo a Mamón. Podemos descubrir cuando ministros están sirviendo a Mamón si observamos lo siguiente:

1- El afán y la ansiedad por las finanzas.

2- Los que justifican medios cuestionables para conseguir finanzas.

3- Los que tienen problemas diezmando o dando dinero.

4- Los que predican prosperidad no por el bien de los oyentes, sino por su bien.

5- Los que exigen una cantidad determinada de dinero por predicar.

6- Manipulación a la iglesia para recoger ofrendas.

7- Favoreciendo a gente rica en su iglesia.

EL MINISTRO APROBADO

8- Estar siempre inventando una nueva triquiñuela para conseguir dinero.

9- Usando el dinero para que se le abran puertas o para hacer conexiones.

10- Robar o desperdiciar el dinero consagrado al Señor.

B- Administrando Riquezas Injustas

La frase **"riquezas injustas"** podríamos traducirla propiamente como **"riquezas del mundo"**. De acuerdo a las palabras de Jesús es un prerequisito saber administrar estas riquezas antes de poder administrar las verdaderas riquezas, que son las cosas espirituales. Entiendo que esto significa que nunca seremos gentes de gran revelación espiritual, si no hemos aprendido cómo ser fieles en la administración de Mamón. Por alguna razón la fidelidad del creyente en esta área trae la bendición espiritual de Dios.

Hay una opinión que debemos ser fieles en las riquezas injustas sólo para ser prosperados económicamente, pero hay algo más que esto. Dios abre el canal de revelación espiritual para aquellos que son fieles administradores de las riquezas de este mundo. Dios no puede confiarle lo espiritual a aquel que no sabe ser fiel en lo material.

Hay otra frase que Jesús mencionó en este contexto, la cual ha sido mal interpretada aun por ministros del evangelio. Me refiero a la frase *"ganad amigos por medio de las riquezas injustas"* (Luc. 16:9). Se ha dicho que esto significa que podemos usar el dinero

Ejerciendo el Ministerio Aprobado

para hacer amigos para el ministerio o para establecer conexiones, de las cuales yo pueda sacar provecho en el futuro. ¿Fue eso lo que dijo Jesús? Aquí lo que Jesús nos está diciendo es que seamos responsables ante Dios con nuestras finanzas, y de esta forma tengamos amigos en los cielos. Esto incluye ser un dador fiel al Señor y a su obra. La promesa es que cuando estas riquezas escaseen o falten en la tierra, tengamos a dónde acudir para recibir. Si hemos hecho tesoro en el cielo (moradas eternas), entonces cuando le pidamos a Dios finanzas, nos van a recibir en el cielo con las manos abiertas. En otras palabras, los amigos que hacemos con el dinero, no son en la tierra, sino en el cielo.

C- La Provisión de Dios para el Ministro- Num. 18:8, 1 Cor. 9:1-14

> *"Dijo más Jehová a Aarón: He aquí yo te he dado también el cuidado de mis ofrendas, todas las cosas consagradas de los hijos de Israel te he dado por razón de la unción, y a tus hijos, por estatuto perpetuo".* (Num. 18:8)

> *"¿No sabéis que los que trabajan en las cosas sagradas, comen del templo, y los que sirven al altar, del altar participan? Así también ordenó el Señor a los que anuncian el evangelio, que vivan del evangelio".* (1 Cor. 9:13,14)

Desde el Antiguo Testamento Dios hizo una provisión para el sostenimiento de las personas que El llama al ministerio. Es mi creencia que a todo aquel que

EL MINISTRO APROBADO

Dios llama, El se compromete con él a suplir todas sus necesidades. Lo que era cierto en un pacto inferior y temporero, es aun más cierto en el Nuevo Pacto. Los principios siguen siendo los mismos, aunque la forma de aplicarlos varíe. He dicho una y otra vez que Dios no tiene ningún compromiso de pagar a aquel que El no llamó. Dios le dio el cuidado de los diezmos y ofrendas a Aarón por razón de la unción. ¿Qué significa esto? Como Dios lo había separado y ungido para estar en el ministerio, Dios le daba la provisión para funcionar en el mismo.

Posiblemente la razón por la cual tantos ministros (cualquiera de los cinco ministerios), tienen que recurrir a tantas astucias y marañas para suplir sus necesidades es una de dos: o no fueron llamados y no tienen la unción, o no tienen revelación y conocimiento de esto. Para mí esto ha sido una realidad desde que empecé la iglesia que pastoreo en Chicago. Dios que me llamó y me ungió, siempre me ha dado lo suficiente para el ministerio, como para mí y mi familia. Si yo estuviera en la posición de que estoy en un ministerio o pastoreando una iglesia, y año tras año sigo padeciendo escasez y Dios no me provee, me preguntaría si verdaderamente Dios me llamó.

Pablo enseñó muy claro sobre este particular. Después de hablarnos del gran cuidado que Dios tiene por nosotros, nos da la autoridad para que dependamos del evangelio para nuestro sostén económico. A esto el Apóstol le llama un derecho (1 Cor. 9:12). Ningún ministro debe sentir vergüenza en hacer consciente a su iglesia que él espera que ellos sean fieles en sus diezmos y sus ofrendas para sostener a la familia pastoral y a la iglesia. Ahora, la condición es que el ministro sirva al altar y

Ejerciendo el Ministerio Aprobado

trabaje en las cosas sagradas. Yo creo que si una persona llamada hace esto, Dios será fiel dándole lo suficiente, tanto para él como para la obra. Esto yo no lo leí en un libro, es la historia de mi vida en 25 años de ministerio.

D- Principios de Administración de Finanzas

En esta última parte de esta lección quiero compartir contigo algunos principios, que te ayudarán a administrar, tanto las finanzas de la iglesias como las tuyas. He notado la mucha desorganización y desorden de muchos ministros en esta área. Hay una práctica, especialmente en América Latina, que el pastor usa todas las finanzas de la iglesia sin reparos. Esto se ha prestado a abusos y corrupción con las finanzas del Señor. Esto puede equivaler en muchos casos a menospreciar las ofrendas del Señor (1 Sam. 2:29). Para evitar eso, observa estos principios:

1- Asegúrate que has sido libre del amor al dinero, y de la avaricia por cosas.- 1 Tim. 6:9-10, Pro. 13:11

2- Desarrolla una fe fuerte en la habilidad de Dios para suplir todas tus necesidades.- Fil. 4:19, 2 Cor. 9:8-11

3- El ministro debe ser el primero que da el ejemplo dando diezmos y ofrendas.- Mal. 3:10, Pro. 11:4

4- No andes tomándole prestado a ningún miembro de tu iglesia para que no seas su siervo.- Pro. 22:7.

5- Nunca seas un fiador de deudas para ninguna persona.- Pro. 22:26

EL MINISTRO APROBADO

6- No trates de aparentar un nivel económico que no tienes y evita el abuso de las compras a crédito.- Pro. 22:7, Hab. 2:6,7

7- Asígnate un sueldo razonable para ti y tu familia. 1 Cor. 9:13,14, 1 Tim. 5:8

8- Nombra una persona responsable e íntegra que trate con las finanzas del ministerio.- 2 Cor. 8:22

9- Enseña continuamente los principios de mayordomía bíblica.- 2 Cor. 9:5

10- Mantén los libros de contabilidad de la iglesia al día, todo debe estar claro e íntegro ante los ojos de Dios y de los hombres.- 2 Cor. 8:20,21

11- NUNCA engañes a la iglesia recogiendo fondos para un propósito y luego usándolos en otro.- 2 Cor. 8:19

12- Recuerda por el resto de tu vida que un día te presentarás ante el Juez justo y El te dirá: *"Da cuenta de tu mayordomía"*. -Luc. 16:2

*** Pensamiento ***

"Las cuentas claras conservan buenas amistades, tanto en la tierra como en el cielo".

Ejerciendo el Ministerio Aprobado

LECCIÓN 26
CÓMO TERMINAR LA CARRERA

ESCRITURA : Hebreos 12:1,2, 2 Timoteo 4:7-8

"Por tanto, nosotros también, teniendo en derredor nuestro tan grande nube de testigos, despojémonos de todo peso y del pecado que nos asedia, y corramos con paciencia la carrera que tenemos por delante, puestos los ojos en Jesús, el autor y consumador de la fe, el cual por el gozo puesto delante de Él sufrió la cruz, menospreciando el oprobio, y se sentó a la diestra de Dios". (Heb. 12:1,2)

"He peleado la buena batalla, he acabado la carrera, he guardado la fe. Por lo demás, me está guardada la corona de justicia, la cual me dará el Señor, juez justo, en aquel día, y no sólo a mí, sino también a todos los que aman su venida". (2 Tim. 4:7,8)

INTRODUCCIÓN: Una cosa es empezar la carrera y otra es terminarla. Algo que me preocupa enormemente es la

EL MINISTRO APROBADO

gran cantidad de ministros que nunca llegan a cumplir ni una décima parte de la visión y el propósito que Dios tenía para ellos. Dios es un Dios de progresión y avance. Por lo tanto, todo decaimiento en la efectividad de un ministro a través de los años nunca es la perfecta voluntad de Dios. Lo normal debe ser que a medida que avancemos en el ministerio haya un crecimiento en la unción y en la revelación de la Palabra.

Podemos usar todas las excusas que queramos para justificar el descenso espiritual de nuestra efectividad ministerial, pero nunca encontraremos que ese haya sido el patrón de Dios para los hombres que El llamó, tanto en la Biblia como en la historia de la iglesia. Es de notar que todos los hombres usados por Dios en las Sagradas Escrituras nunca se retiraron de su labor, por presión de Satanás, por razones económicas, o por avanzada edad. Es interesante que muchos cumplieron la mejor parte de su ministerio después de los 60 años, que es la fecha cuando se considera en América que un ministro debe retirarse de sus tareas espirituales.

A- Mantén las prioridades bien definidas. - Filipenses 3:8

"Y ciertamente, aun estimo todas las cosas como pérdida por la excelencia del conocimiento de Cristo Jesús, mi Señor, por amor del cual lo he perdido todo, y lo tengo por basura, para ganarme a Cristo".

Casi toda persona que empieza en el ministerio, lo hace porque siente un grande amor y dedicación al Señor Jesucristo y a su obra. Es por esto que nos damos a la Palabra, la oración y el ayuno con toda dedicación, porque

Ejerciendo el Ministerio Aprobado

sabemos que necesitamos los recursos del cielo para cumplir el propósito al cual Dios nos ha llamado. Al principio de nuestra iniciación en el ministerio debemos establecer prioridades las cuales debemos mantener por el resto de nuestras vidas. Es necesario que establezcamos un buen fundamento para el edificio que vamos a edificar.

El peligro no es tanto al principio, sino cuando empezamos a disfrutar de cierto éxito y prosperidad. Es entonces que los hombres se olvidan de cómo llegaron al lugar que están. La prioridad deja de ser el **"Reino de Dios"** y comienza a ser el **"Reino del Yo"**. Sería muy saludable siempre recordar las palabras de Juan el Bautista cuando le dijeron que todos sus discípulos se estaban yendo con Jesús: *"Es necesario que el crezca, pero que yo mengue"* (Jn. 3:30). Nunca olvidemos que fuimos llamados por su gracia con el propósito de atraer hombres hacia El, y no hacia nosotros.

Puedo asegurar que el no mantener el Reino de Dios como la prioridad es responsable de muchas de las tragedias que le acontecen hoy a los ministros del Señor. Si mantenemos los ojos puestos en el Autor y Consumador de nuestra fe, no habrá hombre, diablo ni demonio que pueda estancarnos en el ministerio o retroceder del supremo llamamiento del Señor Jesucristo

B- Mantén la efectividad espiritual.- Filipenses 3:12-14

"No que lo haya alcanzado ya, ni que ya sea perfecto, sino que prosigo, por ver si logro asir aquello para lo cual también fui asido por Cristo Jesús. Hermanos, yo mismo no pretendo haberlo ya alcanzado, pero una

EL MINISTRO APROBADO

cosa hago: olvidando ciertamente lo que queda atrás, y extendiéndome a lo que está delante, prosigo a la meta, al premio del supremo llamamiento de Dios en Cristo Jesús".

Es muy fácil enredarnos en los aspectos naturales del ministerio y perder la efectividad espiritual. Satanás persigue la unción de los ministros de Jesucristo, porque él sabe muy bien que es la unción lo que destruye todos los yugos que él ha puesto sobre la humanidad. Se puede perder la efectividad espiritual de diferentes maneras. Puede ser a causa de la pereza y apatía que se nos viene arriba cuando Satanás ejerce presión sobre nosotros. Otra forma de perder la efectividad espiritual es cuando comenzamos a intelectualizar el evangelio y substituimos el poder del Espíritu por la habilidad de la letra. Esto nunca ocurre de la noche a la mañana, y sucede en una forma tan suspicaz que muchas veces la persona no se da cuenta.

Es muy fácil discernir cuando esto está pasando en un ministerio. Lo primero que ocurre es que la persona pierde su autoridad para echar fuera demonios y sanar los enfermos. Es posible que la persona comience a racionalizar su falta de unción y de poder, diciendo que ya ella está en una posición de madurez donde no es necesario ser espectacular. Cuídate del ministro que no enfatiza la oración y el ayuno en su predicación. Son estas actividades espirituales las que nos ayudan a mantener la efectividad espiritual.

Si de algo tenemos que cuidarnos para no perder el filo espiritual es con nuestras asociaciones. Por

Ejerciendo el Ministerio Aprobado

experiencia puedo decir que en muchas ocasiones he sido aconsejado por ministros que aparentemente tienen más éxito que yo, a hacer cosas que yo sé que no son la voluntad de Dios. No puedo negar que no sentimos la presión y la tentación para hacerlas, especialmente cuando vemos cómo otro las hace y les da tremendos resultados.

No importa la admiración y el respeto que uno sienta por un compañero en el ministerio, tenemos que ser cuidadosos en no aceptar prácticas que no están en armonía con los principios establecidos en la Palabra de Dios.

C- Mantén el balance en tu ministerio.- 2 Timoteo 2:15, Hechos 20:27

> *"Procura con diligencia presentarte a Dios aprobado, como obrero que no tiene de que avergonzarse, que **usa bien** (traza bien, divide bien) **la palabra de verdad"**.* (2 Tim. 2:15)
>
> *"Porque no he rehuido anunciaros **todo el consejo de Dios"**.* (Hec. 20:27)

¡Qué importante es el balance en el desarrollo del ministerio! Somos llamados como dijo el Apóstol Pablo a predicar todo el consejo de Dios. He visto cómo tremendos hombres de Dios se han estancado en la revelación de la Palabra o han caído en extremos por no haber observado este principio. Toda verdad que se sobre enfatiza a expensas de otras verdades puede convertirse en error.

No olvidemos que toda la Escritura es inspirada por Dios. Yo sé que cada ministro tiene áreas, donde se siente

EL MINISTRO APROBADO

más a gusto predicándolas y enseñándolas, pero no podemos ser tan selectivos en la exposición de la Palabra, que seamos la causa de que los creyentes no tengan un desarrollo espiritual completo. Una de las razones por las cuales Pablo podía decir que estaba limpio de la sangre de todos sus oyentes, es que él les predicó todo el consejo de Dios, y sabía que había cumplido con las iglesias la predicación de un evangelio integral. *"Y cómo nada que fuese útil he rehuido de anunciaros y enseñaros, públicamente y por las casas"* (Hec. 20:20). Alguien le llamó a este verso de Pablo "la visión 20/20 del ministerio"

D- Mantén el Balance en estas Áreas

1- Gracia y Ley

2- Promesas y Condiciones

3- Soberanía de Dios y Libertad del hombre

4- Poder y Carácter

5- Restauración y Disciplina

6- Unción y Excelencia

7- Actividad de demonios y actividad de la carne

8- Auto-estima y Quebrantamiento

9- Fe y Obras

10- Responsabilidad y Espontaneidad

11- Justificación y Santificación

12- Libertad y Señorío de Cristo

Debes cuidarte de las cosas que se ponen de moda en las iglesias, o sea las modas eclesiásticas. Siempre

Ejerciendo el Ministerio Aprobado

debes mantenerte predicando el Evangelio de la Gracia y el Evangelio del Reino. El Evangelio de la Gracia es lo que nos reconcilia con Dios y el Evangelio del Reino es lo que nos da autoridad sobre el diablo. Es interesante notar que la Biblia no menciona otro evangelio. Dentro de esto debemos predicar y practicar todo lo que la Biblia enseña sin caer en extremos doctrinales. No te desvíes ni a la derecha ni a la izquierda. Quédate en el centro de la voluntad de Dios. Recuerda que siempre los extremos en doctrinas, nos llevan a extremos en conducta.

E- Mantén la Visión de que todo va a salir bien.- Filipenses 1:6, Juan 17:4)

> *"Estando persuadido de esto, que el que comenzó en vosotros la buena obra, la perfeccionará hasta el día de Jesucristo".* (Fil. 1:6)

> *"Yo te he glorificado en la tierra, he acabado la obra que me diste que hiciese."* (Juan 17:4)

¿A qué Dios te llamó a ti? Esa es tu única responsabilidad durante el tiempo que Dios te conceda aquí en la tierra. Muchos ministros fracasan en su ministerio por desviarse de la visión que Dios le dio para su generación. No debes permitir que ningún demonio o ningún humano altere tu compromiso con la visión que Dios te dio cuando te llamó a su obra. Es muy triste que vivamos toda una vida y nos vayamos al cielo sin haber completado la obra que Dios nos dio. ¿Se podrá decir de ti lo que se dijo de David?: "*Porque a la verdad David,*

EL MINISTRO APROBADO

habiendo servido a su propia generación según la voluntad de Dios, durmió, y fue unido a sus padres" (Hec. 13:36).

Si mantenemos la visión al rojo vivo y observamos lo que hemos dicho hasta ahora, todo nos saldrá bien con la ayuda del Señor. Recuerda que Dios está más interesado que tú en tu ministerio, porque El fue quien te llamó. El por cierto no desea que su obra sufra por causa de nuestros errores. Un hombre que tiene una visión y mantiene sus prioridades en el orden correcto llegará a ver el cumplimiento de esa visión. Es posible que tenga que pasar por un sinnúmero de situaciones antes de llegar a ver la total realización, pero Dios ha prometido completar en ti la obra que El ha empezado.

F- Dale Siempre la Gloria a Dios. - Dan. 4:29-37, Hec. 12:20-23

> *"Al momento un Ángel del Señor le hirió, por cuanto **no dio la gloria a Dios**, y expiró comido de gusanos"*. (Hec. 20:23)

> *"Si, pues, coméis o bebéis, o hacéis otra cosa, **hacedlo todo para la gloria de Dios**"*. (1 Cor. 10:31)

De todos los consejos que te he dado en esta lección para que puedas terminar la carrera con gozo, no creo que halla ninguno más importante que éste. Es muy fácil olvidarnos que todo lo que somos o hemos adquirido se lo debemos a la gracia de Dios. El éxito siempre trae consigo un peligro y es la tendencia humana al orgullo y la arrogancia. El diablo engaña a muchos ministros en tal forma que ellos llegan a pensar que han llegado a convertirse en una clase de seres especiales, los cuales

Ejerciendo el Ministerio Aprobado

pueden estar al margen de las exigencias santas de Dios. Sólo los que han perdido la virtud de la humildad dejan de darle la gloria a Dios porque se la están dando ellos mismos.

Hay un gran peligro en no darle la gloria a Dios. Sería muy trágico que después que hallamos edificado la **"obra más grande para Dios"** tengamos que ser reducidos por Dios a una bestia que come hierba. ¿Qué sucedió con Herodes cuando no le dio la gloria a Dios? La Biblia dice que murió comido de gusanos cuando un ángel le hirió por no darle gloria a Dios. No creo que esta es la mejor forma para un hombre de Dios despedirse de esta tierra. Es preferible ser apedreado por darle la gloria a Dios y en el momento de la muerte ver el cielo abierto y la gloria de Dios (Hec. 7:55). Este fue el caso del primer mártir de la iglesia, Esteban.

PALABRAS FINALES DE MOTIVACIÓN

Sea que hayas tomado este curso con un maestro, o que simplemente has estudiado este libro por tu cuenta, quisiera concluir con unas palabras de inspiración y consejo. Si tuviste la disciplina y pasaste el trabajo de estudiar este manual ministerial, es porque posiblemente hay un llamado de Dios para tu vida. Quizá ya estás en el ministerio en alguna capacidad, y quieres aprender más para ser ese obrero aprobado que no tiene de que avergonzarse, y que está dispuesto a pagar el precio que sea necesario para hacer la voluntad de Dios.

Quiero advertirte que el hecho que hayas asistido a un seminario bíblico, o que hayas tomado este curso no garantiza que ya lo sabes todo. En el año 1994 me gradué con honores del **Instituto Bíblico Moody** de Chicago después de cuatro años de ardua labor. Aprecio de todo corazón todo lo que recibí en esa honorable escuela bíblica, pero doy gracias a Dios que he seguido estudiando sin cesar la Palabra de Dios para ser un ministro aprobado. Y oro a Dios que esta sea mi actitud hasta que Cristo venga o yo me vaya con Él.

En el ministerio nunca se acaba de estudiar, y menos de aprender. Oro a Dios por todos los que han leído o estudiado este curso ministerial, que nunca se conformen con ser ministros mediocres y promedios, sino que busquen ser los hombres y mujeres extraordinarios que Dios busca para esta última hora de la iglesia. Si Pablo, siendo un anciano, al fin de su ministerio dijo que aún él

Ejerciendo el Ministerio Aprobado

no había alcanzado lo que él buscaba, ¿cuál entonces debe ser la actitud de todo ministro moderno que desea impactar su sociedad con este glorioso evangelio? Lo importante, al fin de cuentas no es ser un ministro aprobado por un maestro o por una escuela bíblica, lo más importante es ser aprobado ante los ojos de Dios.

*** Pensamiento Bíblico Final ***

"No que lo haya alcanzado ya, ni que ya sea perfecto, sino que prosigo, por ver si logro asir aquello para lo cual fui también asido por Cristo Jesús. Hermanos, yo mismo no pretendo haberlo ya alcanzado, pero una cosa hago: olvidando ciertamente lo que queda atrás, y extendiéndome a lo que está delante, prosigo a la meta, al premio del supremo llamamiento en Cristo Jesús." (Fil. 3:12-14)

Made in the USA
Coppell, TX
14 May 2025